きっと すべてがベスト

強度行動障害を もっと理解するための本

はじめに

強度行動障害――まるで犯罪者か何かのような、グロテスクな呼称。

強度行動障害といわれる彼らは、なんだかよくわからない、怖い、奇妙な存在として、社会から距離をおかれているように感じます。

無理もないでしょう。だって、強度行動障害を知らない人には、彼らは落ち着きなく奇声を上げ続けているようにしか、見えていないでしょうから。

28歳の息子「たいち」は、幼少期から重度の知的障害である自閉症、そして、いわゆる強度行動障害です。言葉を話すことはありませんが、周囲の支援者の助けを借りて、元気に自分らしく生きています。

たいちとの日々、そして、たいちと同じような障害を持つ利用者が生活している、障害者グループホーム「ヒロイチホーム」での経験で、私は彼らからさまざまなことを学びました。理解しがたい彼らは、ひとたびこちらが見方を変えれば、実は悪者ではなく、純粋できれいな人間です。

彼らの療育と支援が苦しいものではなく、少しでも前向きなものになるように、そして重い障害のある子どもの親御さんが元気になれるように、という思いを込めてこの本を書きました。私たちの経験を、多くの親御さん、また施設従事者の方々にお伝えできればと思います。

強度行動障害とは、**自閉症の方に見られることのある、自傷行為や他害行為、物を壊すなどの激しい行動を繰り返す状態**のこと。該当する方は全国で4万人以上ともいわれています。

この呼称は福祉施策上の便宜的な用語であり、障害支援区分の付加のようなものです。「強度」とありますが、「軽度行動障害」のようなものはありません。

自閉症のような医学的な診断ではなく、病気でいうところの症状のようなものが強く出て、社会生活に支障をきたしている状態――つまり、社会的な環境要因によって引き起こされる二次障害です。

彼らは本当に、怖くて、奇妙で、得体の知れない存在なのでしょうか？
実は**私の目に映る息子や強度行動障害の方は、案外かわいらしい人たち**なのです。彼らには彼らの世界があり、ロジックがあり、何よりとても楽しくピュアに生きています。モラルや規範といった「普通の」感覚を基準にするから、彼らが尖った存在に見えてしまうだけなのです。

とはいえ、強度行動障害の子どもを持つ親にとって、彼らとの生活は心身ともに負担が大きいのも事実。
現実は「それでも前向きに生きられる」みたいな簡単なものではありませんよね。

本当に壮絶な世界です。主に母親が一手に彼らの世話を担っていて、ずっと目を離すことができず、常に困って、常に心配しています。はっきり言って自分の人生なんて考えていられない、という方も多いです。
何かの拍子に急に暴れたり、傷害行為をしたり、こだわり行動を繰り返したり――。そんな子どもの様子を日々見つめながら、「この子を他の誰かが見られるわけがない。常に自分が見ているしかない」と思いつめ、誰かを頼ることもできず、自分が疲弊していることがわかっていても同じ毎日を続けていくしかありません。

同時に、**「もし私たちが死んでしまったら、この子はどうなるのだろう」**という不安を持ち続けています。順当にいけば親が先立つのは、目に見えているからです。

そもそも障害とはいったい何なのでしょうか？

私はこう思っています。

「一般社会で生きていくことに手助けが必要なだけ！」

であれば、その人に合った環境をつくり、その人に合った支援をすればいい。

息子にそんな居場所をつくってあげたくて、私はグループホームをつくりました。

知的障害や自閉症は、特性・個性です。

彼らは私たちと違う方法で物事を認識します。行動パターンや認知の仕方には、彼らなりのロジックがあります。そういう特性を持って生まれているのです。

特性とは何かというと、たとえばすごく背が高いとか、とんでもなく力が強いとか、大谷翔平選手のように別世界の人とか、あるいはトランスジェンダーとか。そういった容易に自分に置き換えることのできない、**特別な要素**。そのため、同じものを持ち合わせていない人にとっては、当事者の立場を想像しづらいのです。

とてつもなく背の高い人が普通の空間で生活すると支障が出るなら、その人に快適な空間をつくってさしあげればよいことです。

自閉症、強度行動障害も同じです。**その人の快適な空間はありますか？**

社会の中で支援が必要な存在として、要介護の高齢者、認知症、または治療が必要な病気を患っている方、そして自閉症のような障害者。

一見同じように誰かの助けがないと生きていけない存在ですが、病気の方とか高齢者であれば、いつか自分や家族もそうなるだろうから、自分たちと重ね合わせて考えることができますよね。つまり自分に置き換えることができる。

しかし、誰もが認知症や寝たきりになる可能性はありますが、**今から知的障害や自**

閉症になる可能性はありません。だから、彼らのことを自分に置き換えて考えるのは容易ではないのです。

相手の立場に立ちにくい。理解をするのが難しい。そのため、本当に本人に合っている環境設定や支援をすることが難しい。

その状況が結果的に、「強度行動障害」という、犯罪者のような、なんともグロテスクな呼称を生んでしまっています。

そして彼らが、理解がないことによる生きにくさゆえに起こした行動は、「問題行動」とされ、**「問題行動履歴」**が積みあがっていくわけです。

言葉をしゃべらない、相手の立場に立てない、モラルがない、学習能力がない、情報の統合ができない、見通しがつけられない、客観的分析ができない彼ら――。

自分の思いが伝わらなくて、わかってもらえないからガラスを割ったりする。

自分のこだわりを遮られると、理由がわからず納得いかないから物を投げる。

でも、**それらの問題行動は、誰の、何にとっての問題なのでしょうか？**

その疑問の真相に、多くの方に触れてほしい。

彼らの真実に触れてほしい。そして、彼らを**こっち側の視点で見る（私たちのものさしに当てはめる）ことをやめて、あっち側に立つ（彼らの仕組みを理解する）**ことを知ってほしい。

実は問題行動のほとんどは、こっち側とあっち側の話なのです。

私とたいちは、ずいぶん前にパパと死別し、親子2人暗中模索で生きてきました。その中で得てきた経験や知見を、私たちのエピソードを通して綴っています。この本が、同じ強度行動障害のお子さんをもつあなたにとって少しのヒントとなり、これまでよりもポジティブで明るい道に気づくきっかけになれたら幸いです。

前著『週末親子の旅日記』から14年。以前とはかたちを変えて、私たちは手をつないでお互いに1歩ずつ進んでいます。

目次

はじめに――2

序章――パパの急死、遺された私と強度行動障害の息子

いなくなったパパ――16
母としてのスタンス――17
40歳にして一転した人生――21

第1章――悪戦苦闘の子ども時代

怒鳴り声の響く家――26

保育園の紙芝居にびっくり――30
キャッチボールって何？――34
迷子は夢の世界――37
運動会という得体のしれない空間――40
3人でキャンプは最高のレジャー――43
圧倒的に足りない時間をどうつくる？――46
お世話になった放課後クラブ――50

第2章――母親として図太くなる

たいち、施設へ――54
「週末親子」待ち遠しいとはこういうこと――58
電車とたいちと社会の反応――61
遠方への旅行にも挑戦――64
湯河原全裸事件――67

ちょっと自分時間、余暇の話――70
施設暮らしの6年が育てた「生きる力」――73
週末親子生活を終えてみて――77

第3章――グループホームをつくるということ

入れる施設がない！　運命の高等部2年夏――82
障害者グループホームの立ち上げについて――84
強度行動障害の方は行き場がない！――100

第4章――強度行動障害の支援

ついに卒業！　おかえりなさい、たいち！――108
グループホームでの障害者の生活支援――110
施錠が安全と尊厳を守る――127

グループホーム以外での日常——130
目撃したキャッチボール——133

第5章——強度行動障害への理解を深める

グループホームはお化け屋敷——138
事例①消えた4つの賞味期限切れプリン——140
事例②大事なものだった紙くず——145
事例③ポン酢スパゲティ——148
事例④快と不快と洋服の関係——150
事例⑤スケジュール把握は視覚で——152
問題行動って誰の問題？——155
話せないのではなく、話さない——160
理解は一日にしてならず——163
スタッフに楽しく働いてもらうために——165

終章――この笑顔がこの先もずっと続きますように

すべてはベストな選択だった――170
多くの人に支えられてこその今――174
私たちの日々は続く――178
明るくいきましょう！――182

おわりに――186

序章

パパの急死、遺された私と強度行動障害の息子

いなくなったパパ

その日はたまたまたいちを施設に預けることになっていました。

だから週末のお世話担当のパパに「たいちいないからゆっくりしてれば？」なんて言って、私はたいちを連れて家を出ました。言葉どおりにソファーに寝転んでくつろいでいるパパの姿を、特に気に留めることもなく。

――それがまさか、たいちを施設に送り届けて、買い物して帰って、**そのほんの2時間ほどの間に還らぬ人になっているとは、誰に予測できるでしょうか？**

「おばあちゃん！　来て‼　パパが……‼」

看護師だった私は、ソファーで動かなくなっているパパに気づくや否や床に引きずり降ろして、心臓マッサージを始めました。

もう蘇生しないことはわかっていたけど、それでも心臓マッサージの手を止めることができませんでした。

やがて到着した救急車が、パパを病院に運んでくれました。

いつも疲れて居眠りしているお気に入りのソファーで、いつもと同じように眠ったまま息を引き取っていたパパ――。

突然のくも膜下出血でした。

パパはまだ43歳。あまりにも早すぎるお別れでした。

母としてのスタンス

自閉症の子どもを持つ家族は、突発的で激しい行動や、日々のコミュニケーションの難しさに悩まされるだけでなく、周囲の理解を得られず、必要な支援も受けられず、家庭内だけですべてを抱え込んでしまうケースがほとんどだといっても過言ではありません。

子どもの将来にも不安を抱えながら、鬱屈とした気持ちを拭いきれず、中には追いつめられて虐待やネグレクトをしてしまう方もいます。

本人たちだって決してそうなりたくはないはずですが、**心のバランスを取りながら毎日を過ごすことは、口で言うほど簡単なことではありません。**

そんな中で、私たち夫婦の子育て、関係はどうだったかというと、1人息子にして自閉症児のたいちを2人で一緒に世話してきたというよりは、どちらかというとパパ流・ママ流。**一言で言うと「役割夫婦」です。**

平日は私がたいちを学校に連れていって、仕事が終わったら放課後クラブに迎えに行く。帰ったらごはんを食べさせてお風呂に入れて寝かしつけまで、とにかく全部私が1人でバタバタとこなしていく毎日。でも、土日はパパが見てくれます。

平日は私、土日はパパと決めて、それぞれのやり方で分担してきたのです。

休日の午前中はパパがたいちをお散歩やドライブに連れていってくれて、午後は私が買い物に連れていきます。その後はまたパパの担当です。

たいちをお風呂に入れて、寝かしつける。**この寝かしつけがすごく大変**なんです。たいちは睡眠障害というほどではないにしろ、寝かせようとするとキャッキャキャッキャとはしゃいでいつまでも寝てくれません。それどころか部屋の中を走り回ってしまいます。

だから寝つくまで何時間もかかって、きっとパパは大変だったと思うのですが、その間私は何をしていたかというと……、**さっさと気持ちよく寝ていました。**

またはサウナに行ったりして姿を消すことも！　だって明日から始まる平日はまた奮闘するのだから、英気を養わないといけません。パパもそれを十分わかってくれていたのでしょう。それにしてもちょっと無責任な母親。

1泊2日の間すっかりパパに任せてしまって出かけることもありましたが、するとパパも「代わりに来月は俺がゴルフに行っていいかな？」と希望を出してきます。

そんな感じで**お互いに事前に許可を取って、気持ちよく送り出す。**そういう夫婦でした。

どちらかに負担が偏るようなこともなく、お互いを尊重していい具合にバランスを取りながら、ストレスを溜め過ぎないように、うまくやっていたと思います。

私たちは二人とも、自分の時間が大事だし、自分のペースを貫けるタイプでした。「いつも一緒にいなきゃいけない」という考えも特になく、「お互いはお互い」「それなりね」みたいな感じ。あっさりしているように見えるかもしれませんが、私たちにとってはそれが普通だったんです。

そう聞くとなんだか冷たいように感じられるでしょうか。でも何の問題もなく、ずっと心地よい関係性でいられました。

何よりたいちがまったく困っていなかったし（これ一番大切！）、むしろパパママそれぞれとの時間を楽しんでくれていたので、私たち家族にとってはまったく問題ではなかったのです。

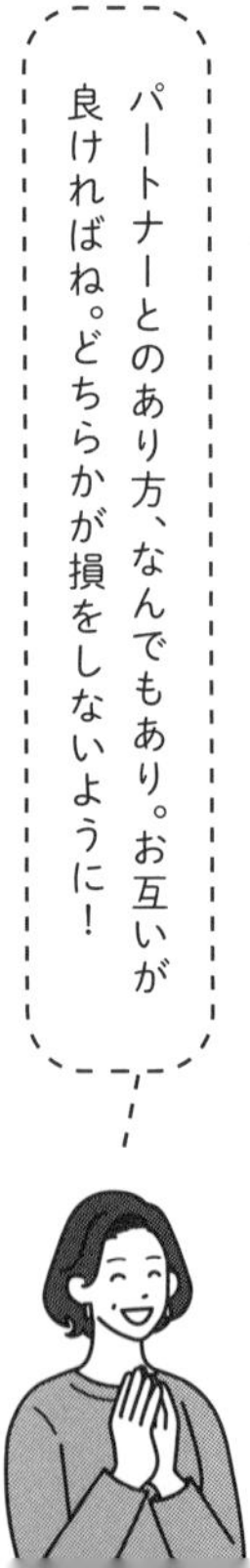
パートナーとのあり方、なんでもあり。お互いが
良ければね。どちらかが損をしないように！

40歳にして一転した人生

そんな良いパートナーだったパパが突然いなくなってしまって、私の人生は劇的に変わることとなりました。

今振り返ってみると、パパを失って、悲しいとか、淋しいとか、自分の老後が不安とか、そんな気持ちになるどころじゃなかった――そういう**自分の気持ちと向き合う時間さえもなかった**気がします。

手続きや仕事でバタバタしながら、目の前の明日をどうするかで精いっぱいで、経済的な不安さえ感じている暇がなかったのです。

ただただ、いろいろなことを物理的にこなしていくだけ。パパがいなくなったことでできた空白を、嘆いている余裕もありません。

そんな中でも、現実は目の前にどっしりと横たわっています。

これからは自閉症の息子を抱えて、想像もしなかった未来に進んでいかなければならないのです。

さて、私1人で、たいちをどうやって育てていくべきか。

当時私たち家族は、私の両親と二世帯住宅に住んでいました。生活は別々ではあったものの、だんだんと高齢になっていく両親。母はすでに持病を持っています。
このままいくと、私はたいちと両親、3人を同時に介護しないといけなくなってしまう――!

そんな未来が見えて、私は焦りました。**たいち1人を週7日、どうやって見ていけばいいのかもわからないのに、3人を見るなんてとてもできません。**

しかも私はまだ40歳やそこらで、まだまだ夢もやりたいこともありました。家族の介護にすべてを捧げることになれば、それらを全部諦めないといけなくなります。

悩んだ末、私はたいちを施設に入れることにしました。

もともと、ゆくゆくはそうしようという気持ちはありました。パパも私も、いつかはたいちを置いて死んでしまいます。だから、自分たちがいなくなった後もたいちが生きていけるように、どこかのタイミングで自分たちから離して、自立させていかなければいけないと考えていたのです。

そのタイミングが、少し早まってしまっただけのこと。

そう考えれば、たいちの将来のためにも、悪い選択肢ではないはずです。

――いえ、そんなふうに割り切れていたわけではありませんでした。

パパが亡くなったとき、たいちはまだ12歳。小学6年生です。

しかもしゃべることができない。自分の気持ちを相手に伝えることができない。

そんな子を、**本人の意思ではないことで、親の都合だけで、勝手に施設に入れるなんて――**。

ライオンの親！

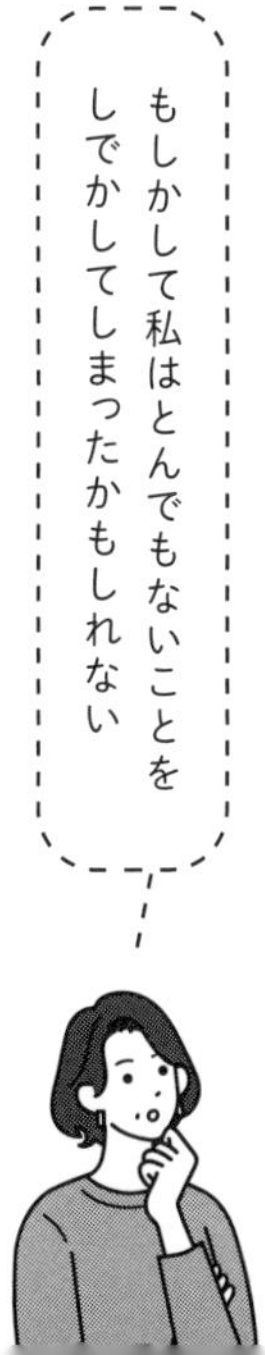
もしかして私はとんでもないことを
しでかしてしまったかもしれない

第1章

悪戦苦闘の子ども時代

怒鳴り声の響く家

「たいち！　またやってる‼　ダメでしょ、そんなもの食べちゃ‼」

リビングに響き渡る私の怒鳴り声。それを聞いて、手に持っていたマーガリンを放って慌てて逃げていくたいち。きっと怒られるのがわかっているから、さっさと姿を消すのでしょう。

たいちは、**ちょっと目を離すと冷蔵庫を開けて、中にあるものを口に入れてしまいます。**標的になるのは、調味料や乾燥ワカメやゴマ、それから生肉など、そのまま食べられたら困るものばかりです。

自閉症の特徴の1つである多動なのか、たいちはじっと座っていることのない子どもでした。大人しくテレビでも観ていてくれたら私も少しは気を抜けるのですが、まぁとにかく落ち着いているということがない。私の目を盗んでいたずらをしてしまうのは日常茶飯事です。

――いえ、**「目を盗んで」というのはあくまでも「こっち側（＝私たちのものさ**

し)」の視点で見るからそう思うのであって、本人としてはただただ興味のままに突進しているだけのことなのですが、当時はそんなこともわかりません。

とにかくちょっと目を離すととんでもないいたずらをしてしまうたいちを、怒鳴りつけてやめさせることしかできず、当の本人はなぜ怒られるのかがわからないから大泣きする。毎日大騒ぎです。

ああもう、私の背中にも目がついていたらいいのに。私の手が4本あればいいのに。何度そう思ったかわかりません。

でも、そうやってたいちを怒鳴っていたのは、忙しくて気持ちに余裕がないときだとか、仕事で疲れているから手を掛けさせられるとついイラっとしてしまうとか、**そういうことではまったくなかった**のです。

とにかく1日を無事に終わらせることで手いっぱいで、目の前のことをこなしていくのに必死でした。

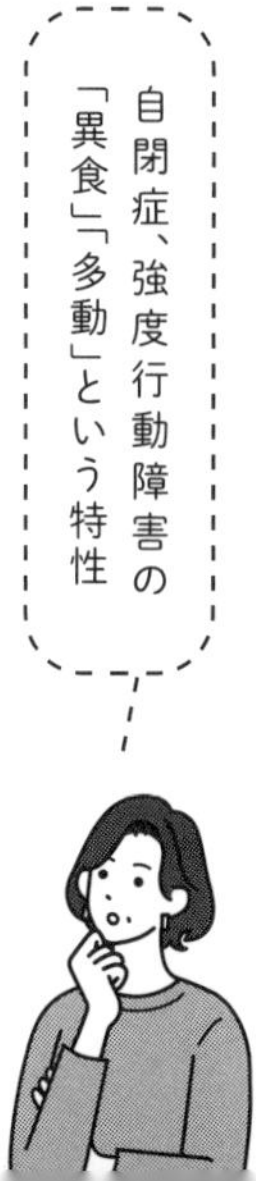

たとえば朝、スクールバス乗り場まで連れていくにも、手をしっかり握っておかないと急に道路に飛び出しちゃうし、途中でなんでもかんでも触っちゃう。夕方家に帰ったらお風呂に入れて、ごはんを作って、食べさせて、寝かしつけて、ノンストップで毎日のスケジュールをこなしていかないといけない。そしてその間**ずっと目を離せないし、つきっきりで面倒を見ていないといけない**から、ホントにそれらをいかに終わらせるかだけで日々が過ぎていったのです。

しかも、**幼少期はこちらもまだ子どもの特性についてわからないことが多くて、何かが起きたときにどう受け止めればいいかもわからないから、毎日が手探りです。**日々の事件に対して、どう対処するのが最適か考えている余裕なんてありません。結果、怒鳴ることしかできなかったんですね。

何年も自分の子を見ているのに、なかなか理解できない母――。**「すべてはこっち側視点」**で生きていたのでしょう。

そんな私を見てさらに怒鳴り声を上げる人がいました。それはおばあちゃん。私の母です。私がたいちを怒鳴ると、決まって私が母に怒られました。

おばあちゃんは孫の味方ですから、孫を頭ごなしに怒鳴る私を牽制する気持ちもわかります。でも、それ以前に私の中でずっと腑に落ちていなかったのは、**「母は自閉症の子どもを育てたことがないから、私の気持ちがわかるわけがない」**ということでした。

母は自分の子育てに自信のある人でした。夫、つまり父に頼ることもなく1人で私と妹を育て上げたという自負があったのでしょう。母から見たら私は、**「両親もいるし夫も協力的、なのにたった1人の子どもすらまともに育てられない娘」に映っていたのだと思います。**

自閉症の子どもと日々向き合う大変さに理解がなく、子どもを守るために必死なだけの私を責めてくる母親——。それはある意味、**たいちとの毎日が大変だったことよりもきつかった**かもしれません。

では母は理解がないからたいちの面倒を見てくれなかったかというと、そうではありません。間違いなくいろいろと助けてもらってきたのです。

それでも私にとって、「どうせわからないよね」と思い続けたことの精神的負担は、とても大きかったように思います。

よく、配偶者の理解がなくて、大変さをわかってもらえずに夫婦関係が悪化していくという話を聞きます。きっとこういう苦しみを抱え込んでいるお母さん、お父さんは多いのでしょう。

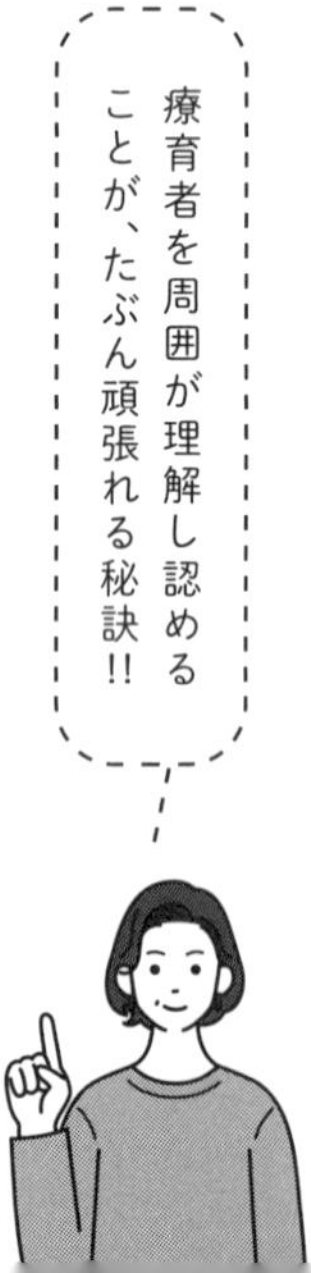
療育者を周囲が理解し認める
ことが、たぶん頑張れる秘訣!!

保育園の紙芝居にびっくり

幼少期に頭を悩ませたのは、家庭での出来事だけではありませんでした。

自閉症の子どもは、障害のない子どもたちよりも成長がかなり遅く、子どもへの十分な理解がなかった幼少期ともなると、元来前向きな性質の私ですら「他の子はできるのに、うちの子はできない」と思う瞬間がなかったわけではありません。

たとえば小学校に貼られた児童の絵。いびつながらも何を描いたのかがちゃんとわかる絵が並んでいる中で、**たいちの絵だけが線をぐじゃぐじゃ書いただけのものだったのを見たときは、さすがに悲しい気持ちになってしまいました。

たいちは1人っ子なので、私は障害のない子を育てたことがなく、普通はこうだけど、たいちはこうなのね、というような基準を持ち合わせていませんでした。障害のない子どものお母さんたちがどんなふうに子育てをしているのかも、わかりません。

あるとき、障害のある子どもをもたない妹が、こう言ってきました。

「ねえ、聞いてよ!!　Aったら小学2年生で30点取ってきたよ!!　もう、信じられない!!」

それを聞いて私はこう答えました。

「へーすごいねAくん!!　30点もとれたのね」

0点じゃないだけすごいじゃん。だって、**指示されたことに対して3割も理解して相手に返すことができているんですよ。**やはり、私の甥っ子は素晴らしい！

まったく話にならない姉に、妹はその後一切このようなことを言ってくることはありませんでした。

今でも思い出すのは保育園での紙芝居の様子。

私は看護師をしていて、夜勤もあったので、たいちは1歳の頃から保育園に預ける必要がありました。

自閉症の子どもに診断が下りるのは、だいたい3歳半くらいの検診のときが多く、それまでは診断のない状態です。それで、なんか1人変わった子がいるなぁくらいの感じで、障害のない子たちと一緒に預かってもらっていたのですが……。

ある日、保育園で紙芝居をする様子を見たことがありました。

先生が「紙芝居の時間ですよ」と言うと、小さな子どもたちがみんな先生の方を向いて紙芝居を見たのですが、たいちはというと、1人だけ勝手にちょろちょろと動き回って、お気に入りの絵本をゲットしに他の教室へと走っていってしまいました。

みんなと同じことをやらなきゃとか、今は紙芝居の時間だから紙芝居を見なきゃとか、そういう認識がまったくない――つまり**「今は紙芝居を見る時間」ということが**

自分の中で理解できないので（だって今そんなことしたくないし）、じっと座っているという発想自体がありません。

だから、みんなが何をしていようと気にもせず、自分の思うままに好き勝手動いてしまうのです。

そんなたいちの姿が、親としてとても恥ずかしかった――のではなく、逆に不思議に思いました。**なんでこんな2歳か3歳やそこらの子どもたちが、30人くらいそろいもそろって、大人に言われるままにおりこうさんに紙芝居を見てるんだろうって！**

だって、天気がいいから外で遊びたいなとか、絵本が読みたいなとか、そういう気持ちがあってもおかしくないじゃないですか。

私の目から見るとなんだか、**好きな絵本を探して自由に動き回っているたいちのほうが、子どもの自然な姿のように思えた**のです。

キャッチボールって何？

自閉症の子に「ばいばい」と手を振るとどう返ってくるか知っていますか？

普通は相手に手のひらを向けて「ばいばい」しますよね。自閉症の子は手の甲を見せて手を振るのです。**「逆さばいばい」**といって、よく知られた発現の1つです。

自閉症の症状として**「自分と相手」という関係性のイメージができなくて、**相手に向かって手を振ることができないのです。……が、本人にしてみれば何のことはない、自分に見えているとおり（手のひらが自分に向いている状態）に真似しているだけの話なんですね。ちょっとかわいいと思いませんか？

ばいばいだけではなく、自閉症の方の行動を見ていると、この「他者視点を持てない」ということがいろいろな場面で出てきます。

自閉症の方はよく「会話のキャッチボールができない」といわれます。それも「他者視点の欠如」のためでしょう。**相手がどう思うのか、何を求めているのかがわから**

ないから、適切な言葉を返すことができないのです。そのため、いわゆる「おうむがえし」になってしまいがちです。

ではそんな自閉症の子の、本物のキャッチボールはどうなのでしょうか。

普通のキャッチボールは、ボールを受け取ったら同じように投げて返しますよね。相手がボールを投げてきた。投げ返してほしそうだ。じゃあ相手が取りやすい場所に投げて返そう。そんなことを誰でも無意識にできてしまいます。

たいちが5歳くらいの頃だったでしょうか。もしかしたら、小学生になっていたかもしれません。

パパがたいちとキャッチボールをしようと、公園に行ってボールを投げました。するとたいちは、不思議そうにそれを見つめているばかり。飛んできたボールをキャッチすらしてくれません。

それでも何度か繰り返していると、「ボールが飛んできた、取らなきゃ」という気持ちが芽生えたのか、取ってくれるようになりました。

さあ、後は投げ返すだけ！　でも、もちろんたいちにそんな気はありません。

「たいち、ボール投げて！　パパに投げてごらん」

パパが声をかけても、やっぱり不思議そうに見ているだけです。

やがて、あまりにもしつこく言われるから何かを察したのか、**たいちはボールを手に持ったまま、とことこと歩いていってパパにボールを手渡しました……。**


これにはさすがに笑っちゃったのですが、実はこれも会話と同じなのです。

投げてきたから、なんとなく取った。**でもそこで相手が何を求めているかを理解することができない。**たいちにしてみれば、なんでボールを投げられたのか、なんで投げ返さなきゃいけないのか、意味がわからないのでしょう。

ボールを投げてもらった。だから投げ返す。そうすることで相手とのコミュニケーションをとる。これは誰もが自然に持ち合わせている**「他者視点」**がある（社会性がある）からこそできることで、会話もばいばいもボール投げも、同じように自閉症の子には困難なことなのです。

つまり、このようなものの捉え方、認識の仕方がまったく異なる人間という理解がこちら側になければ、自閉症は社会において、不思議で理解しがたい存在となります。

迷子は夢の世界

多動のある自閉症の子は、とにかくじっとしていません。ちょっと目を離した隙に家から脱走してしまうこともしばしば……。

たいちが迷子で警察のお世話になった回数は2桁。まったく親は何をやってるのでしょうか、という話ですが、こっちは寿命が縮まる思いで、見つかるまではあらゆる最悪の事態まで想像してしまうので、生きた心地がしません。

そんな中、**なんと当の本人は想像を絶する快適な旅を楽しんでいるのです。**

たいちが最初に迷子になったのは5歳か6歳の頃。駅のホームでの出来事でした。2人で手をつないで出かけていて、次の電車が来るまで時間があったからちょっとトイレに行こうと、「ここで待っててね」とたいちを1人にしてしまったが最後。1

分後にトイレから出てきたら、**たいちの姿がありません！**

サッと血の気が引き、早鐘のように打つ心臓。初めてのことに、誰にどう助けを求めればいいかもわからず、ただただパニックになるだけです。

たいちは言葉が話せません。自分の名前さえも言えないのです。

慌てて駅員さんに連絡してわかったのですが、なんとたいちは反対側のホームに入ってきた電車に乗ってしまったようで、２駅先で保護されていました。

小さな子が１人、しかもどうも様子が変だということで、周囲の方の目に留まったのでしょう。誰かに連れ去られたのではなくて本当によかったですが、それでも無事な姿を確認するまでは気が気じゃありません。

私はたいちが保護されている駅へと急ぎました。

「たいち！」

ママとはぐれて１人になって、さぞ不安で心細かったろうと大反省しながら、私は胸が張り裂けそうな思いで駅員室に飛び込みました。たいちはそんな私を見て、今にも泣き出しそうな顔で駆け寄ってくる――！　……なんてことはなく。

ホッとした様子さえもなく、「あ、ママ来たの」くらいの顔で朱肉を顔にペタペタつけて、楽しそうに遊んでいます。

感動的な親子の再会なんて、そこにはなかった！

こちらが顔を真っ青にして寿命を縮めている間、本人はただ大好きな電車に乗って自由な旅を楽しんでいたのです。

このときは駅で保護してもらえて助かりましたが、行き先がまったくわからないこともしばしばあります。なので、心当たりを30分探し回って見つからないときは、迷わず警察のお世話になることにしていました。1人で頑張っても見つからないものは見つかりません。**頼れるものは頼ったほうがいいのです。**

私たち親が最悪の事態を想定してパニックになっているとき、自閉症の子どもは興味の向くまま自由に外の世界を満喫しています。こちらの予想が困難なほど、ふら〜っと思いつきで行動しているのです。

それを怒ってもまったく効果はありません。彼らにモラルはないのですから。

そのことについ腹を立ててしまうかもしれませんが、それはこっち側の視点。

あっち側（＝彼らの仕組み）に視点を移してみると、**「そうか、この子は夢の世界を楽しんでたんだ」**って、少し気持ちが楽になりませんか？

それでも現実には、迷子になると何が起こるかわかりません。絶対にわが子を守るためにも、1人で探し回るのではなく、早めに警察を頼ってください。日本の警察は必ず見つけてくれますから（私の多くの経験より）。

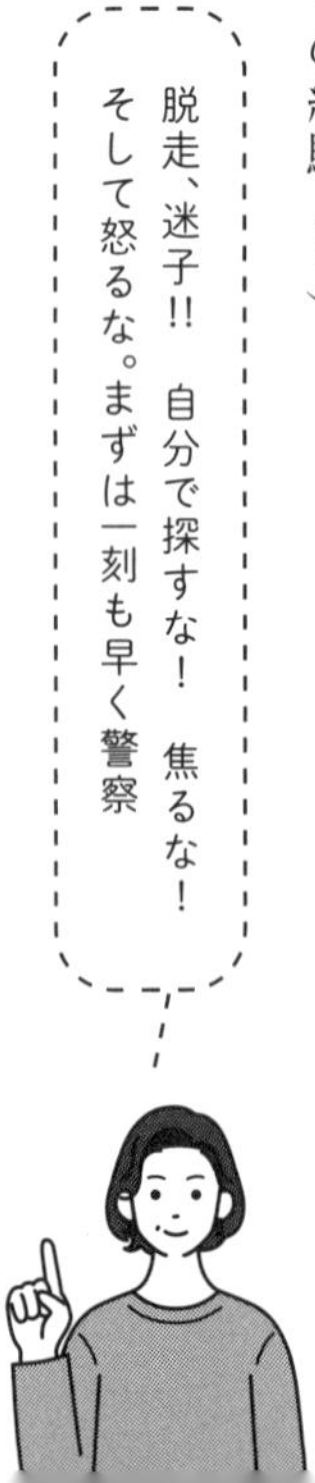
脱走、迷子!! 自分で探すな！ 焦るな！
そして怒るな。まずは一刻も早く警察

運動会という得体のしれない空間

「位置について、よーい、ドン！」

先生の声とともに、横1列に並んだ児童が一斉に走り始めます。徒競走です。

そこに、置いてけぼりになってぼーっとしている子どもが1人。たいちです。

みんなと一緒に走り出せなかったたいちは、先生に手を引かれてなんとかゴールまで連れていってもらいました。**その姿を見ていて、なんだかもどかしい気持ちになっていた**のを覚えています。

たいちは走るのは得意です。自由に走らせてあげれば、喜んでどこまでも走っていきます。徒競走も、先生が言うには練習のときにはほぼ1番をキープしているとのこと。にもかかわらず、本番になると走れません。

子ども時代の一大イベントの1つである運動会。世間的にはキラキラしていて楽しい時間なのだと思いますが、たいちにとってはそうではありません。

自閉症の特徴の1つとして、**「非日常が苦手」**というのがあります。これは、いつもと違う状況下におかれると、**見通しがつかなくなって不安を感じてしまう**ためです。また、人によっては大きな音楽や歓声が苦手な方もいます。

運動会という、生徒の家族もたくさんいて、あまりにもギラギラした勢いの塊のような状況。それは彼にとって、**どうにもこうにも意味のわからない、何が起こるかわ**

からない異様な空間。不安の塊。走っていったみんなに後れを取ってぼーっとしているたいちは、ただただその状況に混乱しているのです。

そんな様子を見ているのが、とてもかわいそうでつらかった。**できるできないの問題ではない**のですね。

しかしながら、運動会といえば子どもたちのお楽しみは、家族と一緒に食べるお弁当タイム。もちろん、食べるのが大好きなたいちも、お昼ごはんの時間はとっても楽しみ‼　のはずなのですが……。
大変なのは食べ終わった後。お昼ごはんのときは、パパと私とたいちの3人でゴザを敷いて座って食べていたのですが、実はこれ、私たち家族がレジャーに行くときの定番スタイルなのです。
たいちの中には「パパとママ＋ゴザ＋お弁当＝ドライブ」という方程式ができています。そう、ごはんを食べた後は決まって、車に乗って帰りたがってしまうのです！

これが小学6年生までずっと続きました。なんとかドライブを諦めて運動会に戻ってもらおうと、「パパちょっとたいちから見えないとこに行ってよ」ってパパを隠してごまかしていたのは、今思うといい思い出かもしれないですね。

3人でキャンプは最高のレジャー

たいちの幼少期を振り返ったときに思い出す一番楽しかったことは、たいちも大好きだった親子3人の週末レジャーです。

普段の土日はパパの担当ですが、親子3人で出かけることももちろんありました。**基本的にはドライブかキャンプ。**これには理由があります。

たいちは小さい頃から体力があったので、歩くのが好きな私としては、たいちをたくさん歩かせたいなっていう気持ちがありました。だからママと出かけるときはとにかく歩くことが多いのですが、パパはドライブ派。

だからたいちとパパのお出かけはいつもドライブ。それがインプットされているから、**パパが「出かけるよ」と言ったらたいちは必ず車のキーを持ってきます。**ただでさえ乗り物が好きだから、パパとのドライブも大好きだったのでしょう。

じゃあ車でどこに出かけようかという話ですが——どこかで外食する？　ショッピングモール？　遊園地？　ディズニーランド？

いやいや、そんなに人が多くてごちゃごちゃ混んでいるところは、本人も好きじゃないし、私たちも大変だし、選択肢には入ってきません。

それよりも、**広くて、人がいなくて、自由に遊びまわれるところ**——それで、アウトドアがいいねってことで、キャンプに行くというわけです。

キャンプはパパも好きだったみたいで、いつもマメに調べて、たいちがのびのびと遊べるような、1区画が広くて隣との距離が遠いキャンプ場を探してくれました。

隣との距離が近いと、食いしん坊なたいちはすぐに走っていって、勝手にバーベキューを食べてしまいます。だから離れているに越したことはないのです。

また、近くにお店やコンビニがあると、中に入っていって商品を食べちゃう心配があるので、自由に遊ばせるには周りに何もないところがベスト。新潟の山奥のキャンプ場なんかはとても良かったですね。

大好きな車に乗って長距離ドライブ。着いた先は自由に走り回れる開放的な空間。でも**たいちの一番のお気に入りはお弁当の時間**でした。

運動会のお昼ごはんの時間ですらこの記憶と結びつくくらいですから、たいちにとって本当に楽しいひとときだったのでしょう。いつからか、ゴザを敷くとお弁当とインプットされたのか、ゴザが大好きになりました（笑）。

どこかにおいしいものを食べに行くこともなかったわけではないけれど、それよりも**外でゴザを敷いて、3人で座ってお弁当を食べるのが、私たち家族にとっては最高の外食**だったのです。

自閉症、快適なレジャー、空間重要!!

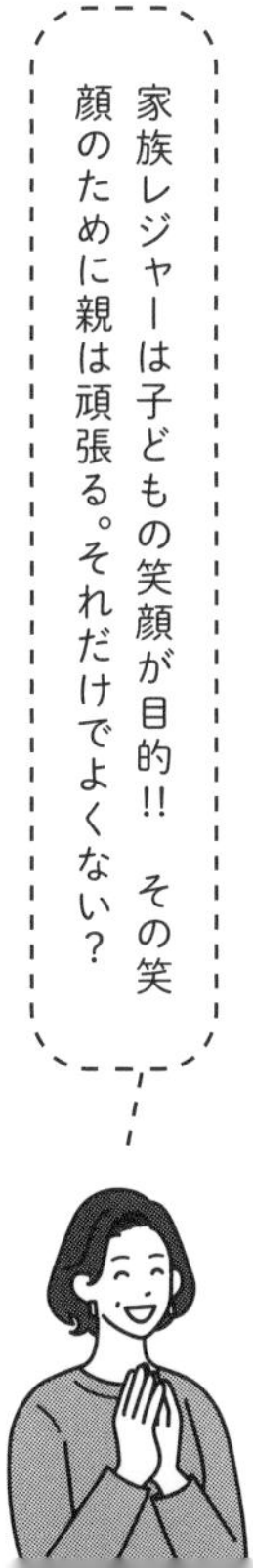
家族レジャーは子どもの笑顔が目的!!　その笑顔のために親は頑張る。それだけでよくない？

圧倒的に足りない時間をどうつくる？

障害のある子を育てる母親は、物理的に時間がとりにくい状況に置かれています。夕方遅くまで、または早朝から障害児を見てくれるサービスがないわけではありませんが、それらを頼るのにも限界があります。

特に医療的ケアが常に必要とか、**生活において常に見ていなければならない、**というような理由がある場合は、より一層母親の時間は制限されやすいです。障害が重いほど、その傾向は強まります。

今は放課後等デイサービス事業所が増えたものの、日常の生活ではずっと目を離さずに面倒を見ていないといけないので、時間的にも物理的にも、仕事と両立するのは難しいのが現実です。

通常の育児と違い、大きくなったら手が離れるというわけでもありません。

そんな中で、私はたいちを育てながらも、自分の仕事を淡々と続けていました。

私は当時看護職で、たいちが生まれて1年以内に病院勤務に復帰し、夜勤もやっていました。たいちを見てくれる放課後クラブ、ヘルパーさん、自分の両親など、多くの人の助けを借りて。

自分の時間を確保するためには、子どもを見てもらえる環境をつくらなければなりません。逆にいうと、**環境がきちんと整っていて、お子さんにとってマイナスにならなければよい**のです。

私は3年制の短大を卒業してから大学病院などで看護師として働いていましたが、本当は看護教員になりたいという気持ちがありました。

それで、30歳を過ぎてから本格的に教員を目指そうと決心して、病院を辞めて東京都立大学の看護教員養成研修に1年間通いました。

そのときたいちは4歳くらい。保育園にはおじいちゃんが送り迎えしてくれたし、休日はパパもいたし、おばあちゃんもいたから、**特に葛藤もなく頼れるものは頼っていました。**実際、この頃が一番たいちを見ていなかったような気がします。

1年間の勉強を終えて、私は看護教員になることができました。

でも、いざなってみると、時代の流れは看護学校ではなく大学の看護学部が看護士養成の主流になってきていて、人に教えるには短大卒では心もとなくなりました。とはいえ、もう子どももいる主婦で、今から改めて大学に通える状況ではありません。そこで私はオーストラリアのグリフィス大学の授業を通信課程で受け、4大卒に足りなかった1年を補って卒業。無事に学士（看護学）を取得することができました。

しかし、看護教員をやっていく中で、時代はどんどん高学歴化、看護師の養成もほとんどが4年制大学になっていきました。大学生を教えるためにそれ以上の学歴が求められるようになったので、5年後、同大学の大学院に入り、なんとか修士課程を修了することができました。

その頃はたいちが小学生だったから、朝学校まで送り、パートで仕事をして、午後は3時間くらい図書館で勉強、夕方になったらたいちのお迎え。そこからはノンストップで、ごはん、お風呂、寝かしつけ、そのまま自分も一緒に少し寝る。夜11時頃になるとパパが帰ってくるのでごはんを出して、それから、また勉強のために0時〜

3時までパソコンに向かい、終わったらようやく就寝です。

そして朝になると、パパとたいちにごはんを作るため6時か7時には起きます。

そんなぎゅうぎゅうの生活をしてでも、自分の夢を諦めたくなかったのです。

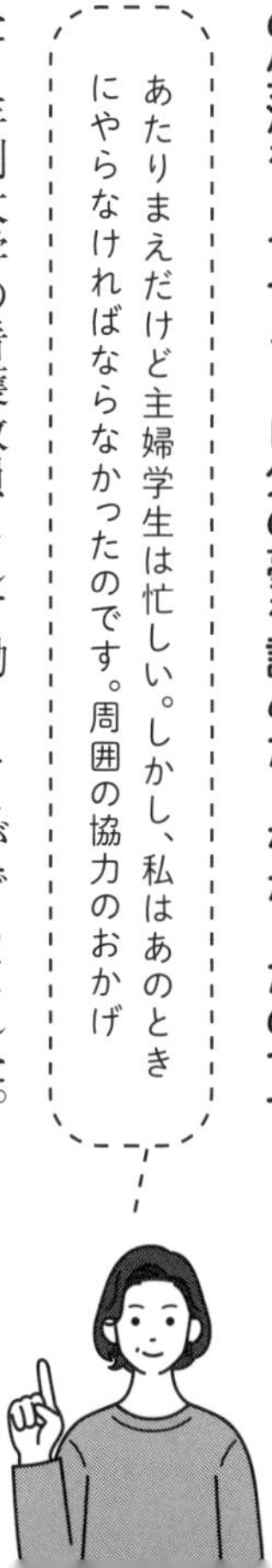
あたりまえだけど主婦学生は忙しい。しかし、私はあのときにやらなければならなかったのです。周囲の協力のおかげ

結果私は、念願だった4年制大学の看護教員として働くことができました。

家族や周囲の協力を得て、頼りに頼って、そうして得られたものは、私の人生にとってとても大きかったように思います。

障害のある子どもをもつ母親らしく、1日中子どもと向き合う生き方を選択できていたら、あるいは手に入れられなかったものかもしれません。

余談ですが、当時、毎日夜遅く仕事から帰ってきて疲れて熟睡しているパパを、容赦なくたたき起こして「ねえ、データ上のこの線がどうしても消えな～い」と言って泣きついてました。パパは「仕方ない！」と思ったのか、私のレベルの低～い救済要請に、いつも応じてくれていました。

パパが亡くなってそれすらできなくなったことも、大変困ったことでした。

お世話になった放課後クラブ

そんな私のわがままを支えてくれた支援サービスの1つに、小学校の放課後にたいちを預かってくれていた「放課後クラブきらら」がありました。

きららは障害のある子どもを対象とした学童保育のようなもので（現在の放課後等デイサービス）、同じような障害のある子がたくさんいるので、スタッフさんたちも慣れています。**親としては「うちの子を預けて大丈夫かしら」と心配な部分もありますが、相手はプロなので、むしろ親が見るよりも安心といえるくらいです。**

しかもきららを運営しているのは、同じように障害のあるお子さんがいらっしゃるお母さんでした。お母さんが自分の子どものためにつくった施設です。
だから、預かっている子どもたちそれぞれに対して理解を示してくださるし、自分の子どものように接してくれていました。

このきららの代表の方との出会いはある意味、今の自分に少なからず影響していたように思います。うちのたいちにもわが子のように接してくれていて、当時ひよっこママであった私にとっては、何とも頼もしい方でした。

こんな生き方をしているお母さんもいるのか……。

だからといって、当時は自分も息子のために施設をつくろう、なんて少しも考えてはいませんでした。あの頃は、自分はもう看護職で生きていくだろうと思っていたのです。なのでただただ、私の生活を助けてくださったことに感謝するのみでした。

仕事や勉強に時間を費やしたかった時期に、たいちを安心して預けられる場所があったことへひたすら感謝。私はなんてラッキーだったのでしょう。

たいちが強度行動障害といわれるようになるのは18歳になってからでしたが、それ以前だって実際は強度行動障害で大変な子どもでした。それでもきららが預かってくれたことで、私が助かっただけでなく、本人もみんなにかわいがってもらって、たくさんのことを教えてもらいながら過ごしてこられたのです。

それに、なんといってもたいちはそこで楽しそうに過ごしていました。

「あのときに助けてもらって本当にありがたかった」という思いが強いからこそ、自分も同じようにすることで社会に恩返しができると思えたのでしょう。

1人でできないことってすごく多いです。私は重度の障害があるわが子にすべての時間を捧げるという選択はできませんでしたが、そういうタイプだったからこそ、周囲にたくさん助けてもらって、なんとかやってこられたのだと思います。

1人で抱えない。頼れるものは頼る。そうすることで、自閉症の子どもをもつ親御さんが、もっと楽に生きられるようになるといいですよね。

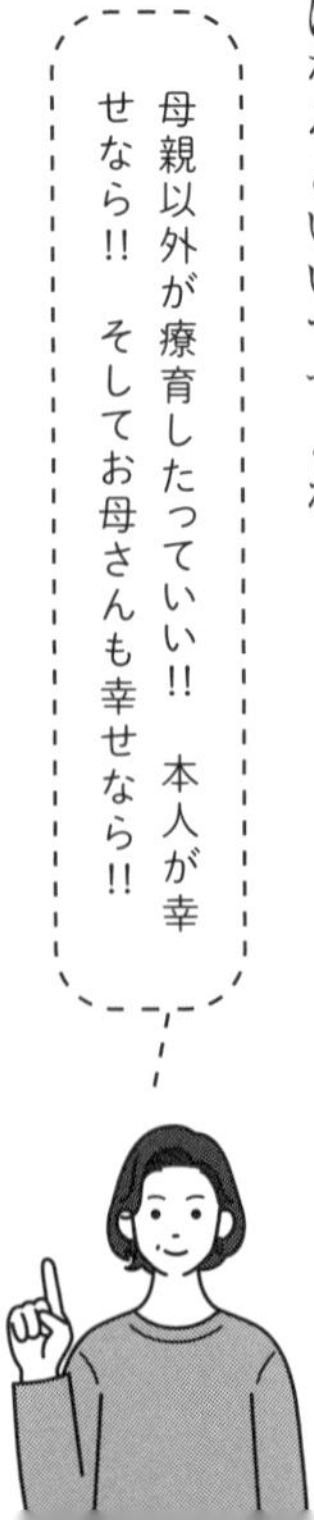
母親以外が療育したっていい!! 本人が幸せなら!! そしてお母さんも幸せなら!!

第2章

母親として図太くなる

たいち、施設へ

児童の障害者施設——事情があり家庭での療育が困難な障害児が入所して、支援者の援助を受けて、集団生活する場所。対象は障害のある18歳までの子どもです。

このような事情で入所するために、**大人の入所施設と同様、施設はほとんど空きがありません。**入りたくてもそう簡単には入れないし、高齢者施設と一緒でだいたい何十人待ちになってしまいます。

たいちを預かってもらえる施設を探すために役所で相談すると、最初は「何人も待っているから空きがない」と言われました。が、見通しもつかないまま言われたとおりにじっと待っているような私ではありません。私は役所相手に言いました。

「では、交通事故で急遽両親を亡くした遺児の障害者にもそう言うのですか?」(私は生きてるけど!)

すると、しばらくして役所から連絡が来ました。

「少し遠いのですが、成田にある不二学園というところに空きがあります。どうされますか？」

こうして、パパを亡くして約2カ月で入所先を決めることができました。

当時の特別支援学校の担任だった先生は、とてもよくしてくれて、かわいくて、たいちもとても懐いていました。彼女は泣きながら「どうにか卒業までは一緒にいようよ」と言ってくれました。

しかし、このタイミングで決まったのはある意味、運。逃すわけにはいきません。たいちは12歳の夏、「不二学園」へ行くことになりました。

このときたいちはどういう気持ちだったのでしょうか。何もわからないまま、それまで通っていた特別支援学校のみんなにお別れをさせられて、車に乗せられて。

車の中ではさほど変わった様子は見せていませんでしたが、いつも食欲旺盛なたいちが、昼食用に買ったサンドイッチに手をつけようとしなかったので、きっと何か望まないことが起こると感じ取っていたのでしょう。

たいちを預けた後、不二学園から1人で帰る車の中で、涙がぽろぽろこぼれたことは鮮明に覚えています。

施設に入った後のたいちの様子は、もう私には見ることはできません。

心配だけど、ちゃんとごはんを食べて、お風呂に入って、よく眠ってくれることを、祈るしかありません。

たいちは生活の拠点が成田の施設に移ったと同時に、富里市の特別支援学校へと転校しました。

何もかもが今までと違う新しい生活。日中はスクールバスで学校に通い、終わったら不二学園に帰り、週末だけ自宅に戻って私と過ごす。そんな生活が始まります。

障害のある子どもが通う先の選択肢として、**通常の小学校の特別支援学級**と、**障害のある子どものみが通う特別支援学校**があります。

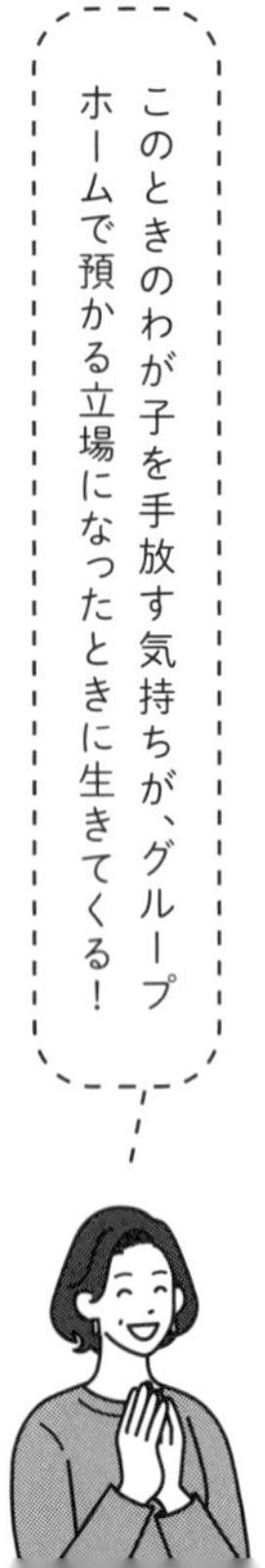
このときのわが子を手放す気持ちが、グループホームで預かる立場になったときに生きてくる！

どちらを選ぶかは、親が決めるか、決めかねるときは地域の支援センターで相談して決めることができます。

私の場合は「たいちは絶対一番手厚いところじゃないと、普通の学校だったらもうわけわかんなくなっちゃう！」と思って迷わず支援学校を選びましたが、もう少し程度の軽い障害だと、特別支援学校に通わせることをためらってしまう方も多いです。

ただ、**障害がある人には適切な環境と支援が大切**で、無理に通常の学校に入れてしまったために生きづらさが増し、症状が悪化してしまうケースもあります。

特別支援学校は１クラス５～６人に先生が２人つくくらいの手厚さで、また先生たちも障害への理解が深いので、親としても安心して預けられるし、本人も比較的困ることが少ないのではないかと感じています。

「週末親子」待ち遠しいとはこういうこと

パパが亡くなって、たいちが施設に入って、1人ぽつんと家に取り残された私。

朝ゆっくり寝ていても、誰も困りません。私はもう、母としての役割も、妻としての役割も、求められていない（唯一残された役割は、大学での看護教員の仕事）。

自分で決めたことなのに心にぽっかりと穴が空いてしまい、時間が経つごとにじわじわと、**「社会的な立場をなくしてしまった」と実感するようになりました。**

今思うと、この経験が後にグループホームをつくろうと思ったことにつながったのかもしれません。つまり、たいちのためだけならきっと他にも方法はあっただろうけど、**私自身の新たな家族をつくりたいという気持ちがあった**ようにも思うのです。

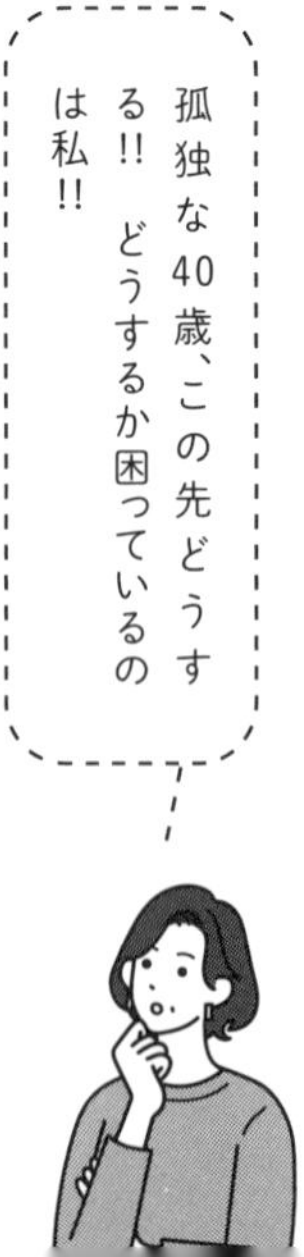
孤独な40歳、この先どうする!!　どうするか困っているのは私!!

たいちを不二学園に預けてからは、私たちが会えるのは週末だけ。その週末の時間は、私にとってもたいちにとっても、とっても楽しい大切な時間になりました。

土曜日に迎えに行くと、たいちが部屋の窓からこちらを見下ろしている姿が見えます。ところが、目が合ったと思ったらぱっと姿を消してしまうのです！　たいちは私の姿を見るやいなや、学園の職員さんに「着替えの準備をしてよ」と伝えに行っていたみたいです。とはいえ聞いた話によると、朝から何度も着替えをしていたとも……（笑）。本当に心待ちにしてくれていたのですね。

2人でただ電車に乗って、どこかに何か食べに行って、家に帰ってのんびり過ごすだけ。それだけで楽しくて仕方ありませんでした。**毎週毎週、どんなときでも、雨でも雪でも楽しかった。**たいちも同じだったと思います。

1泊2日の帰宅時間を使ってレジャーに行くこともありましたが、そんなイベントがなくても、ただ一緒に過ごせる時間が大切で、たいちが楽しそうにしている姿を見ていられるだけで幸せでした（遠距離恋愛ってこんな感じ？）。

本当に土曜日が待ち遠しくて仕方なかったです。

寂しかったのは、お別れのとき。たいちを施設まで送り届けて帰ろうとすると、部屋に戻ったたいちはまた、窓から私をずっと見ています。

たいちを置いて帰っていく私をどんな気持ちで見ているんだろう――そう思うととても心苦しくて、「もう早く見えなくならないかな！」って思っていました。

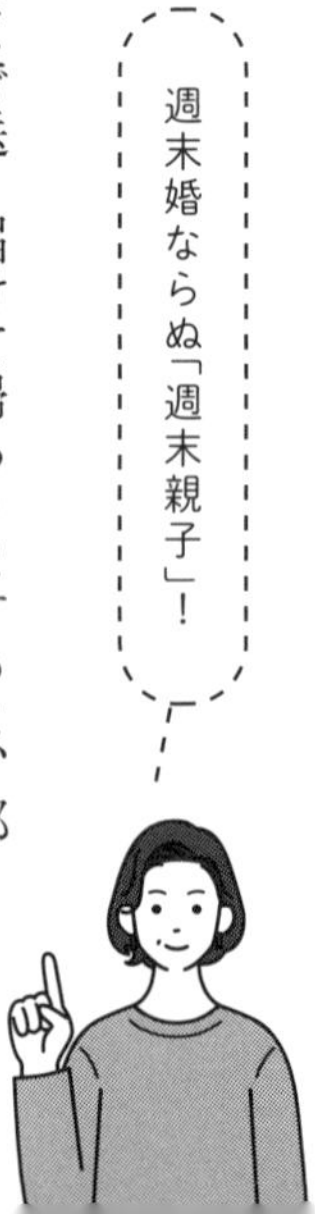
週末婚ならぬ「週末親子」！

遠距離恋愛のわくわく感と、別れ際の寂しさ

でもそんな生活が3年も続くと、別れも気にならなくなっていきます。週末になればば楽しい時間を過ごせるから、ばいばいした後に後ろ髪を引かれることもなく、気持ちの切り替えができるようになりました。人間はどんな状況にも慣れていくものですね。

毎週末のリズムができて見通しがつくことは、たいちにとっても安心につながりますから、彼も同じように慣れていったんじゃないかと思います。入所期間後半の私たちの別れは、あっさりしたものでした（笑）。

離れている平日に「たいち大丈夫かな、今日は何してるのかな」なんて思うこともだんだんとなくなり、**私は私のペースで会えない日々を過ごせるようになりました。**

障害のある子どもを自分の目の届かないところに預けると、ずっと心配してしまう方も多いと思いますが、**結局慣れですね、こういうのは。**

私たち親が慣れるだけでなく、子どもも子どもなりに慣れていってくれます。

電車とたいちと社会の反応

強度行動障害の方は、あまり世の中に出ていません。

ご家族の方に余暇をどう過ごしていたかを聞くと、「だいたい家にいて、ちょっと気分転換にドライブに行って、何かちょこっと買ってきて帰りました」みたいなケースが多いです。

公共の電車とかバスとか、観光地とか、そういう場所には出ていかないので、彼らの存在が一般の方の目に触れることは稀です。**本当はもっといっぱいいるのに！**

そんな中で、うちはたいちが子どもの頃からしょっちゅう外に連れていっていたし、電車やバスにもたくさん乗っています。たいちは電車が大好きです。窓際に座らせてあげると、おとなしくじっと窓の外の景色を見ています。

でも、そんなふうにおとなしくしているばかりではありません。

たいちは機嫌が良いと、ずっと声を出したり、ポンポンポンポンと物をたたいたりしてしまいます。**その行動は社会的に受け入れられるものではなく、一般の方にとっては不快でしかないでしょう。**

たいてい周りの人はたいちから離れていくし、車両を変えてしまう人もいます。それならまだいいのですが、「うるさいな」と言われることもあるし、「静かにしろ、なにやってるんだ！」としつこく怒られることもありました。

もちろん、中には「大変ね」と優しく声をかけてくれる方もいますが、少数です。

最初はやっぱり「世の中の人はわかってくれないんだ」って悲しい気持ちにもなりました。でも、**そもそもわかってもらうこと自体が無理だし、説明する必要もないい**んですよね。だって、一般の人にとっては関係ない、要らない情報だから。

障害について、彼らについて、広く理解してほしいという気持ちも今はありません。逆に、**みんながたいちから離れていくと「あー、よかった」って思うようになりました。**「そうですよね」って。私のほうが社会を理解したのかもしれませんね。

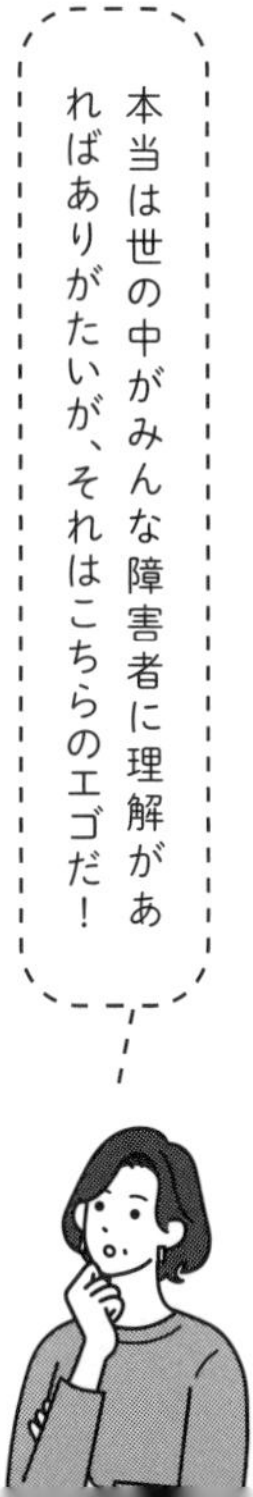
本当は世の中がみんな障害者に理解があればありがたいが、それはこちらのエゴだ！

たいちは電車の旅を楽しんでいます。ゴキゲンで声を発し、ポンポン音を出し、周囲を不快にしているけれど、でも**周りを気にして電車に乗せないよりは、楽しんでもらいたい。不快だと思う人は離れていってくれていい。**

20年経って、結果的にそう思うようになりました。

グリーン車に乗れるときは窓際に座らせるし、飛行機もできるだけ窓際の席を取っています。そしたら外の景色に釘づけで、周囲に迷惑をかけることもありません。

でもそうできることばかりじゃないから、**そのときだけは割り切って、社会に受け入れるなり避けるなりしてもらう**ことにしています。

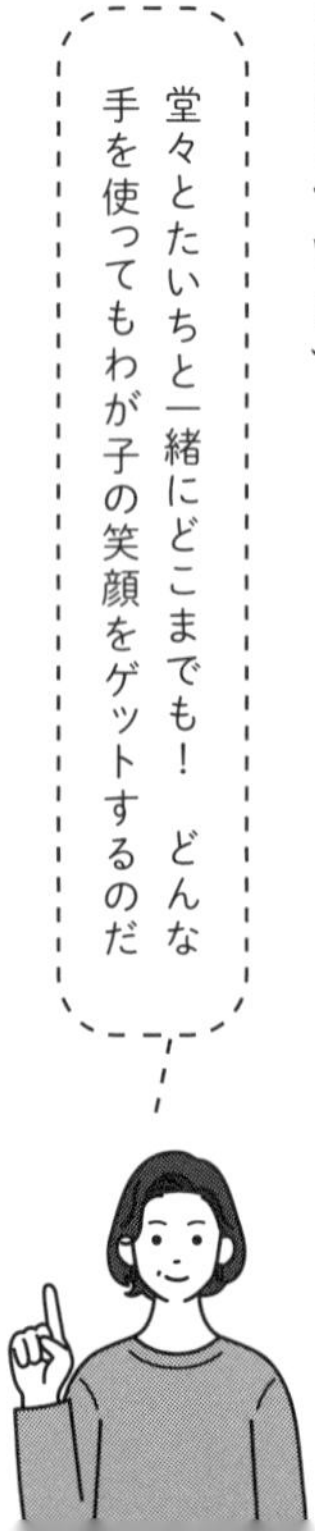
堂々とたいちと一緒にどこまでも！　どんな手を使ってもわが子の笑顔をゲットするのだ

遠方への旅行にも挑戦

そんなふうに自由に外の世界を楽しむたいちと私。お正月やゴールデンウイークには、少し長めの日程であちこち旅行にも行きました。

お気に入りだったのは、沖縄の宮古島と静岡の土肥温泉。旅先の皆さんにも本当に

優しくしていただき、どちらもリピートしました。（『週末親子の旅日記』参照）

強度行動障害の子どもを、しかも母親1人で遠くまで連れていくなんて、びっくりする方も多いかもしれませんね。もちろん道中がスムーズなわけではなく、**最初はたくさん失敗もしたし、困ったことも起こりました。**

たいちの飛行機デビューは宮古島旅行で、フライトは約3時間と長時間にわたります。それなのに窓際の席を取ることができず、まあなんとかなるだろうと思っていたのが甘かった。たいちは大声こそ出さなかったものの、前のシートをコンコンとたたき続け、**さっそく前の席の方に怒られてしまいました。**

CAさんが事情を説明してくれてなんとかなりましたが、満席だから席を移動させてもらうこともできず、早く目的地に到着することをただただ祈るばかりでした。

それからは、事前に空港で事情を話して、必ず窓際の席を取るようになりました。可能であれば人の少ない席をお願いしています。ありがたいことに、**知的障害者の療育手帳を提示すると、かなり融通を利かせてくれる**のです。

また、飛行機に乗ったら**真っ先にCAさんに事情を話しておく**ことも忘れてはいけません。周りに迷惑をかけてしまうかもしれないことを話しておけば、何かあったときにCAさんが助けてくれます。

そして何より重要なのは、**前後左右の乗客にも事前にお話しさせてもらう**こと。たいちはやめろと言っても聞かないので、ご迷惑をおかけすると思いますと、あらかじめ話しておくのです。皆さんに我慢をさせてしまうことには変わりありませんが、**一言説明があるかないかで受け止め方は変わる**でしょう。

旅行をするごとに失敗し、学び、次に生かす。そうやって地道に要領を得ていかないといけませんが、おかげで私たちはたくさんの楽しい経験をすることができました。ビーチで遊んだり、現地のおいしいものを食べたり、温泉に入ったり、工場を見学したり、徒歩で観光スポットを巡ったり、うれしい出会いがあったり。

乗り物が大好きなたいちを飛行機や新幹線に乗せてあげたい――。そんな思いから始まった旅行でしたが、私もたいちも、それ以上にたくさんのことを得ることができ

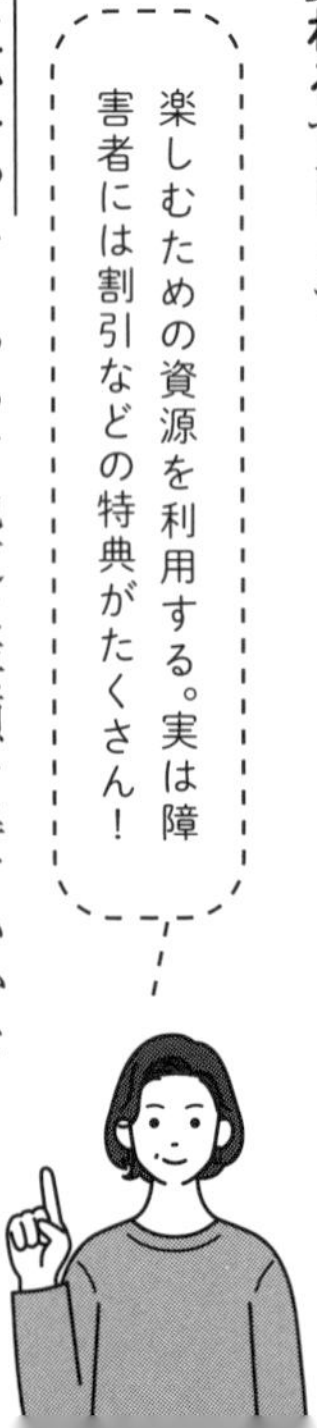
楽しむための資源を利用する。実は障害者には割引などの特典がたくさん！

ました。
どれも**社会に出ることを恐れていたら経験できないこと**です。

湯河原全裸事件

私にとってちょっと強烈だった体験がありました。

湯河原全裸事件――このタイトルだけでどう考えても強烈なのですが、実は**私にとって強烈だったのは、全裸のほうではなかった**というお話です。

2人で湯河原に出かけたときのことでした。

そのとき私はたまたま足を怪我していて、速く歩くことができず、たいちが先にタタタタタッて走っていってしまいました。そしたらそこへちょうどバスが来て、**なん**

と1人で乗ってしまったのです！

自閉症の人は、経験したことを繰り返すことは得意です。そのバスもいつも乗っている慣れたバスだから、いつもどおりにぱっと乗ってしまったのでしょう。少し離れた隙に乗り込んでしまった、**これは完全に最初の迷子事件の再来です。**

私は急いで、目的地である湯河原の駅に連絡して、次のバスで後を追いました。そのとき、たいちはもうけっこうな大人になっていましたから、「子どもが迷子になった」とパニックになるほどでもありません。

落ち着いてバスに乗って駅についたら、そこにたいちがいました。**全裸で……。**なんとたいちは、温泉の手浴スペースで、全裸になってお湯を浴びていたのです！

私はそのとき、一般の人がこういうときにどんな反応をするのかを垣間見ました。

駅前で、大人の男性が全裸でお湯を浴びている。とんでもない状況です。すでに観光センターの方らしき人が駆けつけていました。でも……。

「何してるんだ、やめなさい！　服を着なさい！」なんて、言ってないんです。それどころか、周囲の人が「変な人がいる！」「裸だ！」って見世物にしてざわざわと集まっているわけでもありません。

ただただ、どうしていいかわからない様子でぼーっと見ているだけでした。

その反応は、私にとってとても衝撃でした。

後から聞いた話によると、強度行動障害を知らない方は、そういう現場に遭遇すると、**まずドラッグを疑う**そうです（つまり「危ないから近づくな」）。

何か様子がおかしくて怖い、近づいたら何をされるかわからない、こちらに襲い掛かってきたらどうしよう。そう考えるので、安易に手出しできないし、**できるなら接したくない**のです。

たしかにそのとおりですよね。わからないって、怖いですから。

たいち本人は、きっと開放的な気分になって、ちょっとふざけて服を脱いだのでしょう。パニックになったとか、混乱しているとか、そういうことではないのです。

ただピュアに温泉を楽しんでいるんです。

そんなたいちを恐れながら、騒ぐでもなく遠巻きに見つめる人々。「早く関係者来てくれないかな」くらいに思っていたかもしれません。

ちなみにその一部始終を目の当たりにした私が何を考えていたかというと――。

「あ、たいちが服脱いでる！　大変、体冷えちゃうから何か着せなきゃ！」

ただそれだけ。寒い季節だったので……。

ちょっと自分時間、余暇の話

不思議なもので、はっきりいって1人の生活はどんどん快適になっていきました。

もちろんそれは週末の時間があるからこそのことで、完全にたいちと離れてしまったら1人の時間を楽しむこともできなかったと思いますが……。

他の同世代のお母さんたちと比べて、家事をする時間が圧倒的に短くなり、仕事を含めていろいろなことをやる時間があったので、普通の主婦がなかなかできないこともできました。平日にふらっと思い立って温泉に行ったり、ホテルのバーで飲んだり、きれいな海でシュノーケリングしたり。

でも一番はまったのはウォーキング。当時健康の目安とされていた1日1万歩を目指していたのではなく、6～7万歩（40～50キロ）という距離を2日歩き続ける「ツーデーマーチ」というのがあって、それこそ沖縄、九州、四国など全国のウォーキングイベントに参加しました。

そこでいろんな地方の友人ができたり、次のイベントで再会したり、ついでに地方の温泉を満喫したり。それはそれは体力も時間も費やしますが、この経験で得たことは今の仕事に役立っているようにも感じています。

1人で歩く。もちろん時間内に壮絶な距離を完歩する！　**自分の体だけと相談したり、さぼったり、会話したりする。余計なことを考える暇もない。**

この足の疲れと、風の冷たさと、口渇と空腹と――、それらを感じながらとんでもない距離を黙々と歩いていたら、感じたこと。

風が強い！　足も痛い！　実はお腹が空いて仕方ない！　でも今はなんとかしてよ、この風！

もう足なんてどうでもよい。

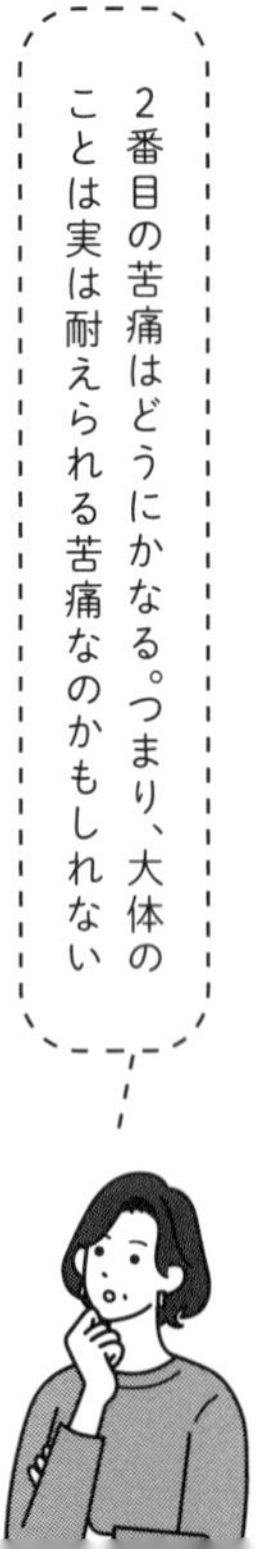
2番目の苦痛はどうにかなる。つまり、大体のことは実は耐えられる苦痛なのかもしれない

こんなことを友人に話すと「信じられない！」と言われます。ウォーキングの仲間「あるちゅう」たちは（われわれは自らを「ある（歩）ちゅう」と呼んでいます）、体験しなければわからない快感の中毒になっているのかもしれない。……というただの余談です。

ちなみに今はなかなかまとまった時間が取れず、あるちゅう生活からは遠のいていますが、隙間時間でヨガやピラティスをやっています。

運動しなきゃ！　ではなく、その時間が楽しみで、**その空間だけが自分という肉体とおしゃべりできる素敵時間**だからです。

たぶん、いくつになっても続けるでしょう。

自分の体と心と会話する時間をつくっていますか？　癒やすのではなく会話です

施設暮らしの6年が育てた「生きる力」

強度行動障害の人たちは、生きていく上で周囲の人たちとの関わりを避けることができません。

本人たちが望む望まないにかかわらず、どうしたって一人では日々を過ごすことができないので、たとえばお風呂に入れてもらったり、布団を敷いてもらったりなど、日常生活において福祉サービスを受けながら生きていくことになります。**世話をしてくれる相手のことを嫌いだったとしても、世話を受け続けないといけないのです。**

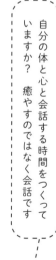

たいちもこれから先ずっと、いろんな支援員と出会っていかなければなりません。**その人生を生き抜くために必要なものを、不二学園で暮らした6年の間に、身につけてきてくれた**ように思うのです。

たいちは小学6年生の夏から約6年を不二学園で過ごし、高校を卒業すると同時に私がつくったグループホームに入居しました。

グループホームでは新しいスタッフが来ることもあります。**そのときのスタッフに対する接し方を見て、私は「あれ?」と思ったのです。**

強度行動障害の方は警戒心が強いことが多く、わざと悪さをして反応を試しながら、相手がどんな人間かを探ることが多いのですが、たいちはあまりそういった様子を見せません。「世話してくれる人きた！　よろしく！」という感じで、自分から握手を求めていくことができます。

好きなスタッフがいると、キッチンにいてもずっと後をついて回ったり、「遊んでよ」って求めるそぶりをしたりします。一方で、そうでもないスタッフの場合は、すっと自分の部屋に行ってしまいます。

たいちは、**自分がその人を好意的に感じているか、そうでもないかで、対応を選択する**ことができています。

この人は自分にとって安心できるとか、自分の言うことを聞いてくれるとか、逆にこの人はいつも適当で「こうしろ、ああしろ」ばっかり言うなとか、相手をよく見ている――**「自分にとって利益があるか」「自分を守ってくれる人か」を、本能で嗅ぎ分けている**のです。

その能力は、たいちが施設にいた6年間、しかも中学生高校生という多感な時期に、いろんな人と関わってきた中で身につけたものなのでしょう。

相手を見て行動を変えることは、一般的にはあまり良く思われませんが、私たちも無意識にやっていますよね。なんかこの人合わないな、とか、嫌だな、と思ったときに、私たちであればそういう人と極力関わらないという選択も取れますし、心の距離を取ることもできます。

ですが、彼らは違います。**言葉で気持ちを伝えられず、十分な意思表示もできない**

中で、自分が選んだわけでもない人と絶えず関わり続けないといけないのです。

だから、人を見極めて関わり方や自分の居場所を選択することができるというのは、ストレスを溜めて症状を悪化させないためにも、とても大事なことなのです。

たいちが身につけたのは、心地いい親元を離れ、自分自身で自分を守り、自分の味方になってくれるスタッフを頼り、自分の空間を確保する——そんな「生きる力」。

自分で家事ができるようになったとか、学力が身についたとか、そんなことよりも、**他者のいる中で自分らしさを持っていられる力、自分らしく生きられる力を身につけてきてくれた**ことが、私は何よりもうれしかったし、ありがたく感じました。

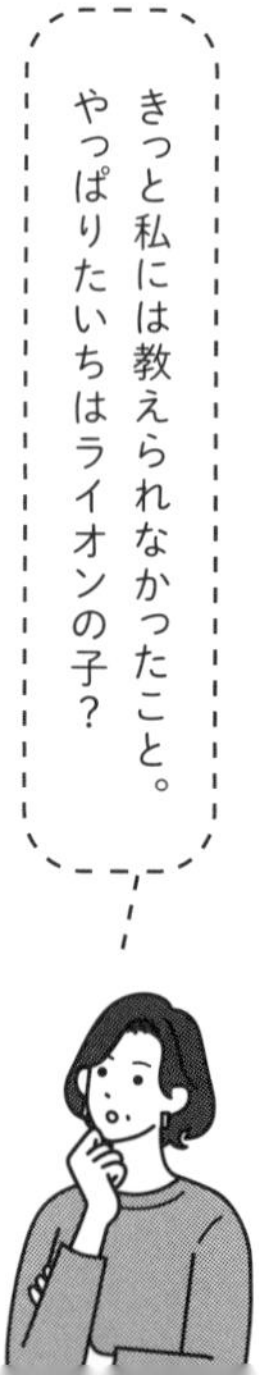
きっと私には教えられなかったこと。
やっぱりたいちはライオンの子？

週末親子生活を終えてみて

「そんなことよりも」なんて言ったけど、実際には物理的にできるようになったこともたくさんありました。

職員さんと一緒にごみを捨てに行ったり、お皿を棚にしまったり、洗濯物をたたんだり。また、食事をこぼさずに食べられるようにもなっていました。

私と暮らしていたらごみ捨てなんてわざわざ教えられなかったかもしれないけど、親元ではできないことも、学園で生活する中で職員さんたちが引き出してくれました。**そうした「生活する力」を身につけさせてくれた**のも、とてもありがたかったです。

一方で私はただただ週末を一緒に過ごして楽しむだけ。生活習慣を教えるだとか、何かができるように教育することはあまりなかったかもしれません。わが子にしつけをしなかった母……。

でもまあ、たいちが幸せなら、それでいいんじゃないかな！

教えるのは学園に任せて、私は週末に楽しませる役割。パパがいた頃と同じように、それぞれのやり方で役割分担をしてきたと考えると、悪いことではありません。

不二学園と特別支援学校、両方において、たいちを本当によく見てくださる良い職員さんや先生たちとめぐり合えました。

今思うと、たいちは子どもの頃からずっと、いつでも先生たちやヘルパーさん、支援員さんたちにかわいがられてきました。

もちろん、その方たちとの信頼関係は時間をかけて育てたものではあったと思いますが、**「私がいないところでも、うまく周囲になじんで楽しく自分らしく過ごせているんじゃないかな」**と徐々に思えるようになっていきました。

たいちが見せてくれる笑顔、私はそれを信じて過ごすしかないです。

もう1つ、私にとって良いこともありました。それは、たいちが高等部にいるときに**PTA役員**をやらせていただいたことです。

このときのお母さんたちとの出会いは、とても刺激になりました。飲み会もやったりして、「うちはこうでね」とかいろいろ子どもの話をして、楽しかったです。たいちは中でも重度だったけど、軽度のお子さんの苦労も想像もつかないほどの大変さがあると知りました。

同じ立場のお母さんたちとの交流は大事！　普段から情報交換していれば、子どもと接する上でのヒントが得られたりもするし、ストレス発散にもなります。閉鎖的になって良いことはありません。

「お母さん自身がまずは気持ちよく生きていること」——これが障害と向き合う親子がもっと楽になるための鍵です。

離れて暮らした6年間があったからこそ、私たちのその後の関係性がとても良いものになったように思います。**ライオンの親のようだと思ったあのときの選択は、私たちにとって決して間違いではなかった**のです。

第3章

グループホームをつくるということ

入れる施設がない！　運命の高等部2年夏

いよいよ高等部2年夏。学校卒業と同時に、施設も卒業しなければならないときが近づいています。

特別支援学校に通う障害児の場合、学校を卒業した後は、作業所（現・就労継続支援事業所、生活介護事業所など）のような福祉施設が就職先になりますが、問題は生活の場です。

たいちを預かってくれる入所施設を新たに探さないといけないと思い、高等部2年の夏休みを利用して、とある施設にたいちを体験入所させました。社会人になったときの生活の場として、当時は入所施設を考えていたのです。

3泊くらいの体験利用を同じ施設で2回しましたが、体験が終わって戻ってきたたいちは、どこか緊張しているような、なんともらしくない顔をしていて、きっと大変だったんだろうなと想像できました。

結局、これらの体験を経て通知されたのは、**「お宅のお子さんは長期的には無理で**

す」というお断りの言葉でした。

「障害のある人もない人も、共に暮らせる社会に」という国の方針のもと、知的障害者の入所施設は縮小傾向にあります。そんな中で、**四六時中目が離せない強度行動障害の方を受け入れる体制を整えることは、容易ではありません。**

この時点で「受け身ではやばそうだ！」と感じた私は、グループホームを視野に入れました。それで、近隣のグループホームを2カ所ほど見に行ったのですが、**いくらも見ないうちに「あ、だめだ」と思いました。**

障害者のグループホームとはいえ、普通の一軒家。ここでたいちが生活する……？

う～ん⁇

なんとなく想像できなかったのです。このような空間で他の利用者と共同生活できることが。

これらの現実に触れて私の発想は急展開しました。

合うところが見つかるまで探すのではなく、たいちが安心して暮らせる、たいちに合った生活の場を、私がイチからつくる。もうそれしかない。死活問題なんです！

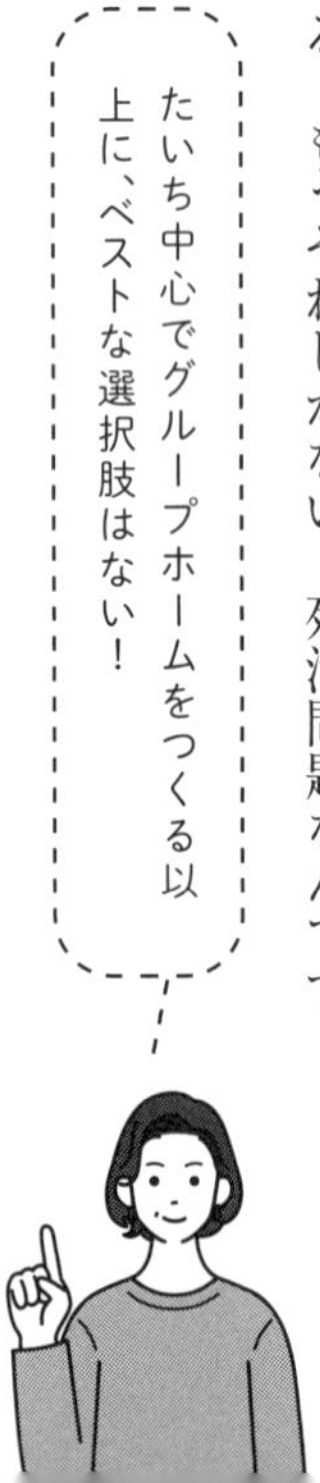
たいち中心でグループホームをつくる以上に、ベストな選択肢はない！

障害者グループホームの立ち上げについて

これからグループホームをつくろうと考えている方の参考になればと思い、私が立ち上げたときの手順やエピソードを以下にまとめてみます。

①法人格を確保

グループホームは**個人事業ではできないので、きちんとした法人格が必要**になります。私は起業なんて初めてで、どんな法人格がいいのかも、それぞれの法人の違いさえもわかりませんでした。自分でグループホームをつくると決めたはいいけど、何から手を付けて動けばよいのか、本当に何もわかりません。

　そんな9月の初旬、あることをひらめきました。そういえば高校時代に親しかった友人が、母親が経営する松戸の社労士事務所で、社会労務士として立派に活躍していたなと思い出したのです。

　私はすぐに彼女に電話しました。高校以来、かなり久しぶりだったのにもかかわらず、彼女は私のやりたいことを即座に理解し、「はい、ひろえちゃん、やろう！」と言って、あっという間に株式会社を設立してくれました。

　彼女はその後、親の後を継いで社労士事務所の所長となりました。そして凄腕社労士として松戸駅前に事務所を構えて活躍しています。彼女とはこの先も運営に関してずっとお世話になり、もちろん今もおつき合いが続いています。

　福祉サービスの運営母体は、社会福祉法人、NPO法人、株式会社が主流です。NPO法人は立ち上げ時に10名以上の人員が必要で、同じ志を持つ親の会などではよくこの形をとります。

　今から10年前の当時は、わざわざ株式会社を立ててグループホームをつくるということが稀だったようで、「障害者相手に金儲けするつもりか」といった周囲からの視線も無きにしもあらず、でした。

今は逆に、福祉とはまったく関係ない法人がグループホームを新設することが増えてきたので、株式会社が運営するグループホームは稀でもなんでもなく、むしろそのほうが多くなってきています。

グループホームの立ち上げを得意分野としている社労士もいますから、これから会社を立ち上げるなら、そういう社労士を探すことをおすすめします。

②物件の確保

これがまた大変な作業なのです。グループホームつまり、人が住むおうちですから、物件は重要。しかし、条件に合う物件を見つけるのは至難の業です。

「良い物件があるからグループホームにでもどう?」と声がかかるパターンもあるかもしれませんが、そうでなければまずは早めに物件を探しましょう。

というのも、**指定障害福祉サービス事業所として指定されるには県庁への指定申請が必要なのですが、グループホームの準備がすっかり整った状態になっていないと、**

申請することすらできないのです。

賃貸、中古物件、新築物件、もしくは土地から探してグループホーム用として注文建築……こういう選択肢がある中で、普通はまず一番資金がかからない賃貸を検討するのではないでしょうか。私も例に漏れず、賃貸物件から探し始めました。

そこで知った衝撃の現実！　**障害者のグループホームとして借りようとしても、不動産会社が物件を貸してくれない**んです。

そもそも不動産屋がグループホームとはどんなものかを知らない状態だったので（私だって今からやるんだからわからないのに）、まずはどんな障害者がいるのか、グループホームとはどんなものか、いつ必要なのか、同じ人が入居し続けるのか、その説明からのスタートです。

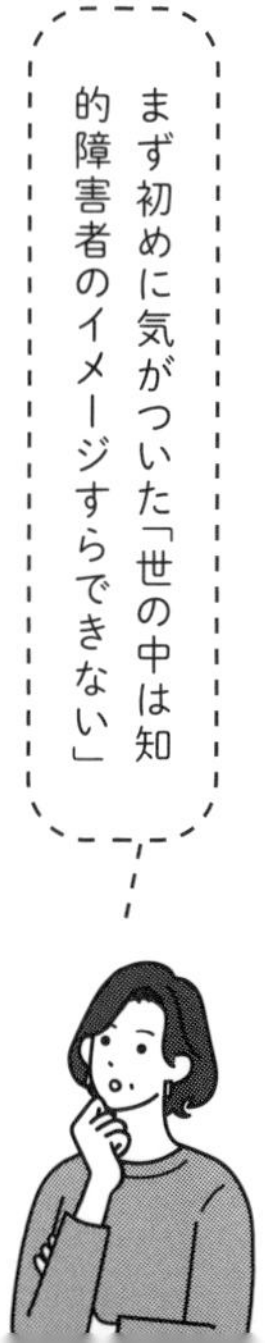
まず初めに気がついた「世の中は知的障害者のイメージすらできない」

残念なことに、説明をしても結局賃貸物件を借りることはできませんでした。

まあ、当然でしょう。その時点でどんな人が住むのかはおろか、支援員すらどんな人かもわからないのに、貸すはずがないですよね。普通の家族に貸したほうが安心に決まっていますから。

また、利用者の特性に合わせて壁をぶち抜いたり、手すりを取り付けたりと、リフォームをする必要が出てしまうこともありますし、息子たいちの生活を想定すると、破損その他の心配もあります。そういう意味でも、賃貸で強度行動障害の方が生活するグループホームを運営するのは、難しいという判断になってしまいます。

とはいえ今は、不動産の会社などが投資目的でグループホーム用の建物を建てて、オーナーとして貸し出すケースが増えているので、賃貸で探すのも以前ほど大変ではないかもしれませんね。

さて、現実を目の当たりにした私は、結局土地探しに行きつきました。

中古物件を購入するという選択肢もありましたが、**グループホームは設置基準がかなり細かいので、それに合った中古物件がまず少ない**のです。

また、中古物件に関しては「せっかく物件を確保したのに申請が通らず、泣く泣く手放すこととなった」「大幅改造をする羽目になった」という話も、他の事業所から聞いていました。

それで中古も諦めて土地を探すことにしたのですが、私には「自分が長く育った鎌ヶ谷市内で」という漠然とした希望があったため、最初から鎌ヶ谷市内に絞って探しました。

鎌ヶ谷市内をいろいろ探した末、たいちによさそうな土地が見つかりました。閑静な住宅街で、大きな通りがなくて車などの危険がなく、隣接している住宅は隣1軒のみ。正面は鉄塔、後ろは梨畑、横は家庭農園と、**近所迷惑リスクがほとんどありません。**

なんといっても、梨畑から電車が見えるという恵まれた場所！　電車が好きなたいちにとって、きっと快適な空間になるに違いありません。

また、駅から離れていて近くにコンビニなどもなく、たいちが脱走しても商品を食べてしまう心配がありません。

なかなかこのような条件の土地はないかも。さあ、決めた。

土地が決まったら次は建物づくりです。

これについては某工務店さんがとても親身に対応してくださいました。**私もグループホームづくりなんて初めてですが、工務店の方も初めてです。**しかしいろいろ勉強され調べてくれて、まさに工務店さんと一緒に学びながらつくったホームになりました。

工務店も障害者グループ
ホームなんて知らない！

そして何より、もう1人すごい友人がいたんです。

彼女は中学時代の友人で建築の知識に長けていました。家の設計の細かい打ち合わせには、その友人がずっと付き添ってくれたのです。彼女には何の利益もないのに、何回も続く細かい打ち合わせに必ず付き添って、私よりも的確な判断をしてくれました。そして念願の家が完成すると静かに去っていきました。

彼女は「人がいなくても、時間があっても、私はひろえちゃんのホームでは働かないからね」と言っていました。仕事が絡むと友人の関係がこじれることをわかっていたのです。

「ひろえちゃんとの関係を壊したくないから」

そう言って、長い間の建築の打ち合わせ時には私より細かく丁寧に対応してくれて、やっと完成すると、さーっと去っていきました。

彼女がいなかったら、たいちのためのおうちもこんなに良いものにはならなかったでしょう。

しかしながら、この物件を建築中に、すぐそばに新築の建売住宅ができました。庭もあり、陽当たりもよく、なんと間取りも規定に合っているではないですか。

結局、たいちが高等部2年を終える3月に、その物件が1号館となって、ヒロイチホームがスタートしました。

その半年後に建築中のホームができて、2号館が誕生しました。まさかたいちのために建てたホームが2号館になるとは……。

でもこれでついに、高等部卒業と同時にたいちをヒロイチホームに迎え入れる準備が整ったのです。

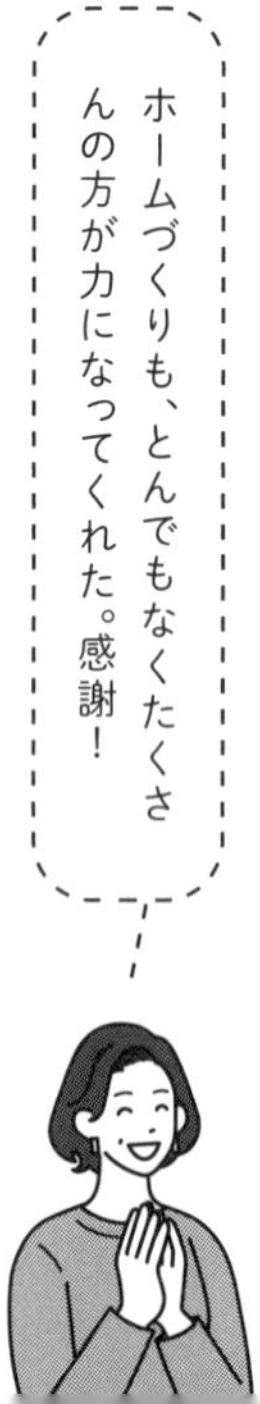
ホームづくりも、とんでもなくたくさんの方が力になってくれた。感謝！

③人材の確保

介護、福祉の事業所は常に人手不足で、人員確保が何より大切。これはどこの事業所も苦労されているかと思います。最近は求人サイトが数多くありますが、なかなかこのような仕事に向いている人、興味のある人は多くはないのかもしれません。

私の場合はたまたま人に恵まれていて、設立時のスタッフを集めるのはさほど困難ではありませんでした。

実は、たいちが子どもの頃にお世話になっていたヘルパーさんの1人が、私のグループホームを手伝ってくれると申し出てくれたのです。しかも、当時の勤め先を辞めてまで。

その方とは、ヘルパーを頼まなくなってからもなにかと縁が続いていました。それで私がグループホームを開設すると話したら、一緒にやりたいと言ってくれたのです。本当にありがたい！

他にも、その方が人づてでさらに2人連れてきてくださって、私を含めて4人、設置基準の最低人員が集まりました。

このような流れは今もあって、手が足りなくなったら「誰かいない？」と言えば、**スタッフの誰かが知り合いを連れてきてくれます。**

すると、不思議といい人が集まってくるんですよね。紹介者であるスタッフとしては、自分の知り合いに対しても会社に対しても責任がありますから、本当に信頼できる方に声をかけてくれるんでしょう。

最初の頃こそうまくいかなかったこともありましたが、こちらの支援の質が上がるほどに、紹介される方のレベルも上がっていくような気がしています。

それ以外で効果を感じたのは、**ポスティング！** 近隣に住んでいる主婦の方などが興味を持って働いてくれると、安心感があり、地域との関係性も築きやすいです。

もう1つ、**地域の掲示板に募集案内を貼らせていただくこと。**自治会長さんと良い関係性ができていれば、快諾してもらえるでしょう。自治会長さんから許可が出ているという信頼もあってか、地域の方がお散歩中などに掲示板を見て問い合わせてくれます。

④グループホームを運営、維持していく

さて、こうして2014年3月、鎌ヶ谷市北西部の閑静な住宅街に「ヒロイチホーム」をオープンすることができました。

グループホームを開設したはいいけど、**ずっと利用者がいなくて収入がなく、ランニングコストだけがかかり続ける……**という可能性もゼロではありません。

グループホームを始めるにあたって、県に指定障害福祉サービス事業所として指定

してもらうための申請をする時期は、遅くとも開業の半月前。

その段階ですでに、物件、設備、生活に必要な備品類、人員などすべての準備が整って、いつでも利用者を受け入れられる状態ができていないといけません。つまり、**スタッフの雇用も指定前から始まっていて、利用者が入らなくてもその状態をキープし続けないといけない**のです。

仮に4月から入居があったとして、利用報酬を請求するのは5月、実際に会社にお金が入るのは6月です。この約3カ月間の運転資金を、収入のない状態で賄わないといけません。

また、人が住むわけですから、設備にかかる資金（家財、備品、消防設備など）も最初はひととおりかかります。

これだけのお金を、仮に利用者がゼロでも賄い続けられるだけの準備が必要ですし、利用者が順調に集まっても、**3年くらいは赤字覚悟**で運営に臨まなければならないのが現状です。

県庁への指定申請は、新規ではかなり大変でした（思い出したくないくらい！）。

私が最初に申請に行ったときは、1人で新規に立ち上げるうえに会社自体に信用もなかったため、ちょっと渋られてしまいました。県からしてみれば、すでに実績がある企業の業務拡大ならまだしも……というところですよね。

それで困っていたら、近隣で広く福祉事業を展開されている有名な方が、「僕が一緒でだめなはずがない」と言って手助けしてくれることに！

さらに、グループホーム支援ワーカーさん、社労士の友人、と周囲を固めまくって、彼らに助けられながら、最終的にはなんとか指定を取ることができました。

しかし、これを聞いて心配しないでください。 今は10年前とは違い、指定申請もそれほど大変ではなく、そのような申請を専門にやっている社労士さんもいくらでもいます。苦手な分野は専門家に任せるのも手だと思います。

さて、受け入れ態勢はできたし、申請も通った。

次は利用者をどう募ればよいのか……。最大の難関です。 利用者がいなければ収入はゼロのまま。それでは話になりません。

どこかへ募集をかけに行かなきゃいけないのか、どういう活動をすればいいのか、それさえもわからない私たち。オープンしたはいいけど、いつまで経っても入居者のメドが立たないままでした。

そうこうしていたら、3月末になって1本の電話が入りました。

近くの生活介護事業所からで、**「ご家庭の都合で4月から住む場所を探している方がいるのですが、入居できませんか」という相談の電話**だったのです。

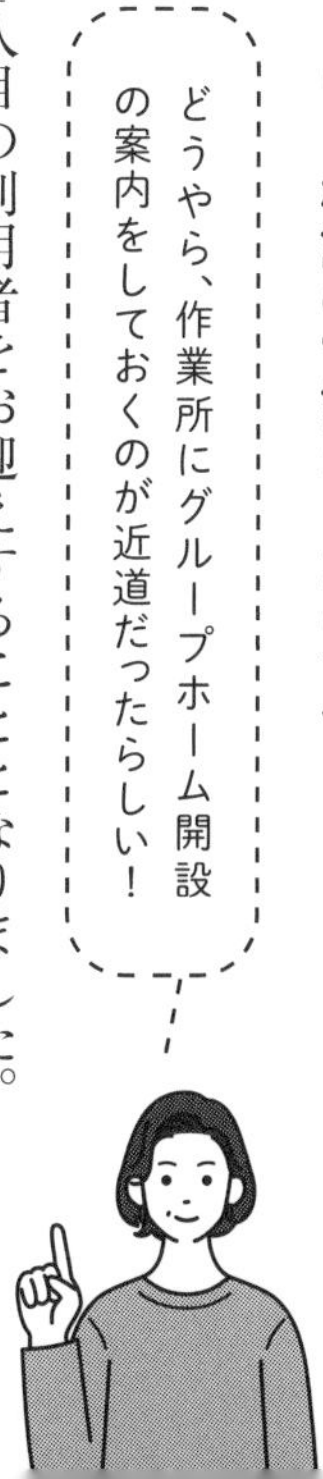
どうやら、作業所にグループホーム開設の案内をしておくのが近道だったらしい！

こうして無事に、ヒロイチホーム1人目の利用者をお迎えすることとなりました。

しかも、通常であれば事前に見学に来て、体験入居をして……と、決まるまでに期間を要するのですが、**その方は事情があったのでそういう段階を経ることもなく、さっそく4月から入居してくれた**のです。なんという幸運！

この方のように、いきなり本入居でそのままスムーズに生活を続けているのは、珍しい例です。たいていは、そのグループホームが本人に合うか、この先も長く利用していけるか、ということを事前にしっかり確認するための試験的な期間が必要となります。体験入居の期間などは利用者に合わせてさまざまです。

⑤地域に受け入れてもらうために

地域の中で障害者が普通の一軒家で暮らすためには、第一に**地域住民に受け入れてもらうことが大事**です。

店も住宅もない山奥の大きな入所施設とは異なり、グループホームは住宅地の一角に建てるのが望ましいとされていますが、その一方で地域住民からは反対の声が上がることもあります。

近年、障害者が事件を起こしたというニュースが多く出ていることもあり、自宅のそばに障害のある方――しかも強度行動障害と呼ばれる方が暮らすのは、一般の方にとっては不安が大きいのでしょう。

そんな不安を払拭してもらうためにも、地域の方と良好な関係を築かなくてはなりません。一口に地域といってもいろんな方が住んでいるし、受け入れてもらえるかどうかははっきりいって運の要素も大きいと思います。

ですが、対策できることがないわけではありません。

私たちが大事にしているのは、**明るいあいさつをする、ごみ出しのルールをきちんと守るなど、グループホームのスタッフの印象を良くしておく**こと。これは事業をやらなくても同じですが、地域の方たちと仲良くなろうと思うなら、あいさつとごみ出しは大事！

それから、**地域の交流の機会に参加する**こと。積極的にとまではいかなくても、最低限顔を出すようにすれば、少なくとも印象が悪くなることは避けられます。

あとは**利用者への接し方。**スタッフが地域の方に対してどんなに愛想よく笑顔を見せていても、もし利用者を怒鳴っていたら、一気に印象が悪くなってしまいます。たとえば利用者が騒いでいるときに「静かにしなさい！」なんて声を張り上げていたら、騒いでいる利用者よりも、注意するスタッフのほうが感じ悪いですよね。そもそも「静かにしなさい」で静かになるような方たちではありませんし……。

強度行動障害の方は大きな声を出し続けることがあるので、そういうときはスタッフも常にハラハラドキドキしています。

ヒロイチホームは近隣に4棟のホームがあるので、だからこそ、ご近所との井戸端会議ではありませんが、ちょっとしたときの会話も大事にしたいと考えています。

言葉を交わしてみると、福祉や障害に知識やご理解のある方は、意外といらっしゃるかもしれません。

間違っても、「障害者を差別した目で見るな」なんて思わないほうがいいです。

強度行動障害の方は行き場がない！

国の方針により障害者の入所施設が縮小傾向にある一方で、重度の知的障害者の親からは、今もまだ「入所施設をつくってほしい」という声もあるようです。

入所施設は大規模で体制が整っていて、看護師がいたり医者がすぐ来てくれたりするところもあるでしょう。また日中の活動の場が同じ施設内であることも、安心の要素かもしれませんね。

つまり、一生預けられるという考えから希望の声が絶えないのでしょうか。

しかし、現状は全国的に障害者の入所施設は少ないし、空きもなくてなかなか入れません。

一方、減り続ける入所施設に反して、障害者グループホームの数は10年前に比べて何倍にも増加しています。私が最初につくった頃よりは規制も緩くなり、グループホームをつくりやすい世の中になってきているのです。

障害者が人里離れた山奥で、社会から隔離され、収容所のような絶対出られない大きな建物の中で生活をする、ということではなく、**必要な支援さえ受けることができれば、そしてご本人に合った必要な環境設定さえできれば、望む場所で暮らすことができる。**

そんな社会が実現されつつあるのは、喜ばしいことではないでしょうか。

大好きな住み慣れた地域で自分らしく暮らしていくという権利が、どんなに重い障害者にもあるのですから。

近年「乱立」といってもいいほどグループホームがどんどん増えているにもかかわらず、**強度行動障害といわれる彼らが入れるグループホームはほとんどありません。**当ホームにも、隣県を含めて1年以上探したけど断られ続けて、受け入れてくれるグループホームが見つからずに、ついにヒロイチにたどり着いた、という県外の方からの連絡が多くあります。

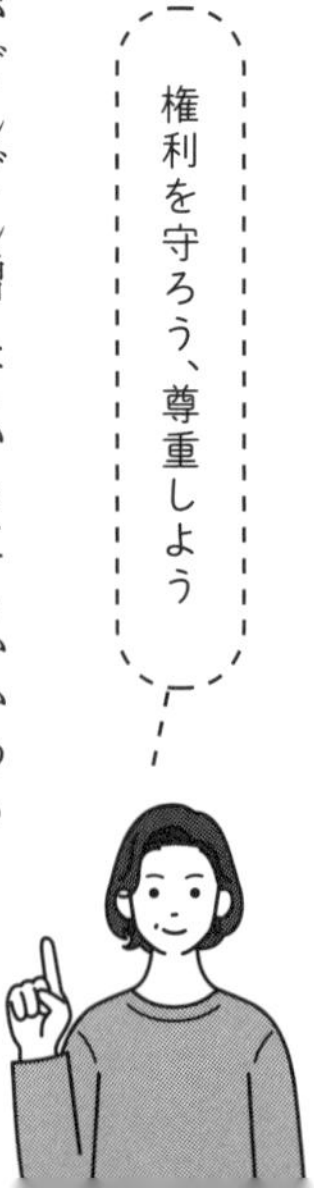
権利を守ろう、尊重しよう

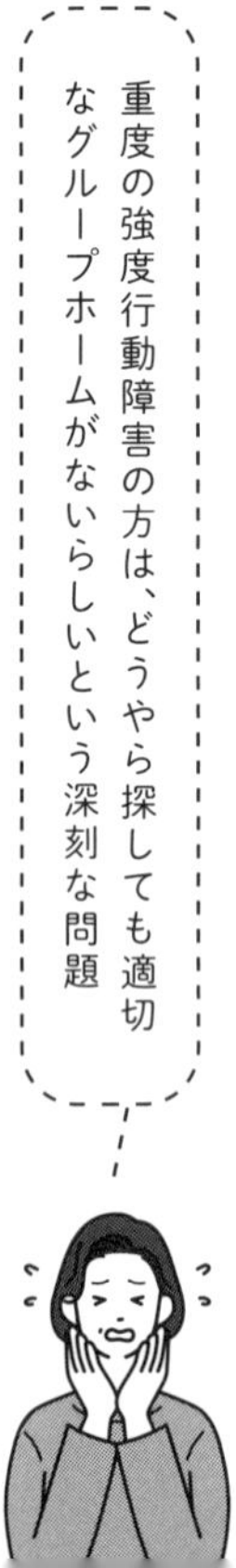
重度の強度行動障害の方は、どうやら探しても適切なグループホームがないらしいという深刻な問題

ヒロイチカンパニーが運営するヒロイチホームは、強度行動障害の方を受け入れていますが、定員があるのでどうしても希望者全員を受け入れることができません。また、グループホームに入る方は、朝晩と週末はホームで過ごしますが、平日の日中は作業所に通います。県外からヒロイチホームに移ってこようと思うと、通い慣れ

た作業所を変更しなくてはなりません。**慣れた環境、見通しのつく生活、そして周囲の十分な理解が必要な彼らにとって、作業所を変えるというのは簡単なことではありません。**結果的にそれが障壁となって入居を諦める方も多いです。

自宅から遠くない場所に強度行動障害の方を受け入れてくれるグループホームがあれば、このような問題は起こらないのですが……。

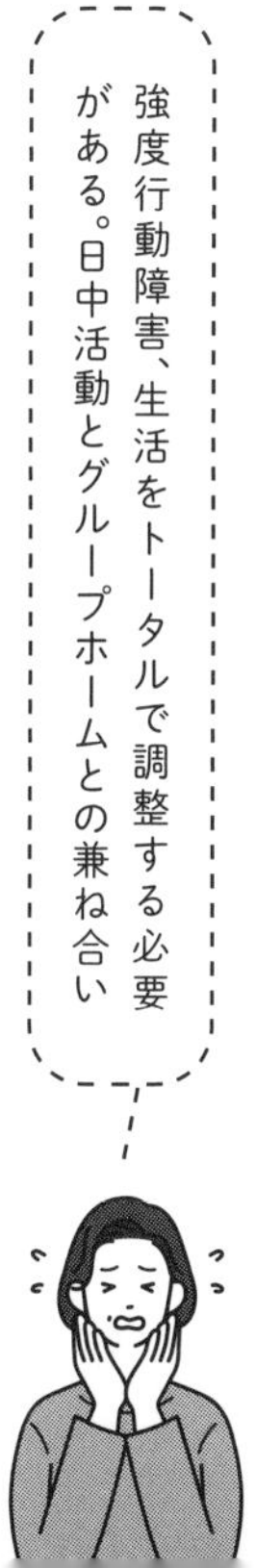
強度行動障害、生活をトータルで調整する必要がある。日中活動とグループホームとの兼ね合い

先ほど少し触れたように、近年は投資目的から、不動産会社などがグループホーム用の建物を建てて貸し出すケースが増えています。そのため、運営する側が建物を用意する必要がなくなり、参入障壁が低くなっています。

これまで主流だった、福祉関係者や、障害のある子の親が立ち上げるグループホームと違って、**あまり福祉になじみのない経営力のある会社（法人）の営利目的による参入**で、数だけは増えている。でも、**支援が大変で濃厚で、危険で目が離せない強度**

行動障害の方を受け入れることのできるグループホームは、実際少ないのです。

厚生労働省が2021年11月に発表した「障害者の居住支援について（共同生活援助について）」によると、2014年には6637事業所だったグループホームの数は、2021年時点で1万8225事業所にまで増加し、入居者の数は約14万人にのぼります。

利用者の障害支援区分ごとの比率を見てみると、区分4以上の重度障害の方は年々増加していますが、**強度行動障害とされる区分6は今も全体の約9％**に過ぎません。

しかし、区分6に認定されている方は、障害者全体の約23％にのぼります。**他の区分の認定数の割合と入居者数の割合がほぼ同等であるのに対し、強度行動障害の方の入居率は圧倒的に少ない**のです。

2024年4月の報酬改定では、全体的に減額またはほぼ現状維持でしたが、**強度行動障害の方を示す区分6だけが大きく増額**しました。これは国としても重度の知的

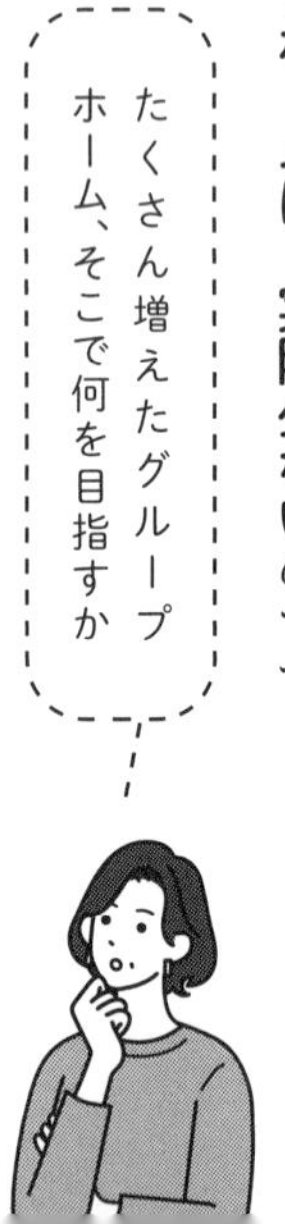
たくさん増えたグループホーム、そこで何を目指すか

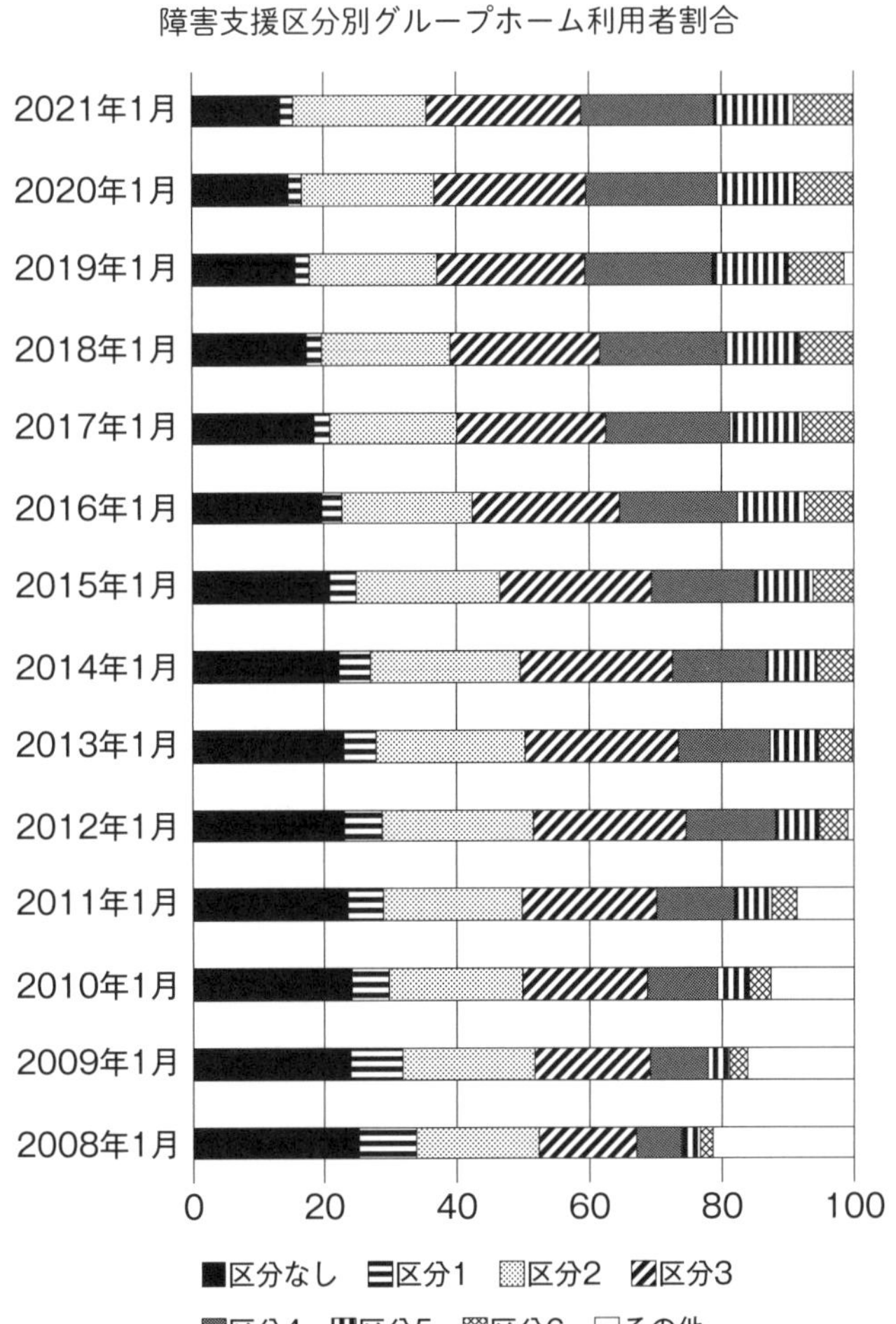

参照：厚生労働省「障害者の居住支援について（共同生活援助について）」

障害者が入れるグループホームを増やしたい意向があるということです。

また、千葉県では、強度行動障害の方を受け入れるグループホームへの支援を強化し、利用者受け入れのための改修・整備費用、人員への補助金をかなりの金額で出す動きがあります。(「千葉県重度の強度行動障害のある方への支援システムの構築について」参照)

さて、では実際のところ、強度行動障害の方が生活する上で、いったいどのようなことが大変なんでしょうか。
次の章で触れていきましょう。

第4章

強度行動障害の支援

ついに卒業！　おかえりなさい、たいち！

２０１４年３月にヒロイチホーム１号館がオープン、同年11月には２号館もオープンし２棟体制の中、たいちは富里特別支援学校での６年半を卒業し、同時に不二学園も退去。いよいよ鎌ヶ谷へ戻ってきました。

卒業の日、私は成田の不二学園に彼を迎えに行きました。

お昼ごはんのサンドイッチに手をつけなかった小学６年生のたいちを、この学園に預けて１人で帰った、あの涙が止まらなかった日から６年半。本当に長い期間、たいちも私もよく頑張ったと思います。

長年お世話になった学園の職員さんが最後の最後まで手を振って見送ってくれる中、私たちは前を向いて歩き始めました。

もう後ろは振り返りません。

社会人になったたいちはヒロイチホームで暮らし、日中は松戸市内にある生活介護事業所で過ごすという、新しい生活を始めました。部屋はかねて用意していた、２階の窓から梨畑と電車が見える角部屋です。

そのときすでにヒロイチホームで生活していた何名かの利用者も、同じような重い知的障害を持つ、20代から50代までの方でした。

当時は事業所もスタッフも、そして私も経験が浅く、さまざまな個性、特性を持った利用者への支援は試行錯誤の繰り返し。しかしそんな中でも、相変わらず多動、異食などの行動が絶えないたいちは、ヒロイチホームが迎えた初めての「手に負えない利用者」だったように思います。

今思うと、私もスタッフも、たいちをどうにかしてホームという箱の中に収めよう（つまり、**落ち着いてみんなのようにおとなしく言うことを聞いてくれればいいな**）

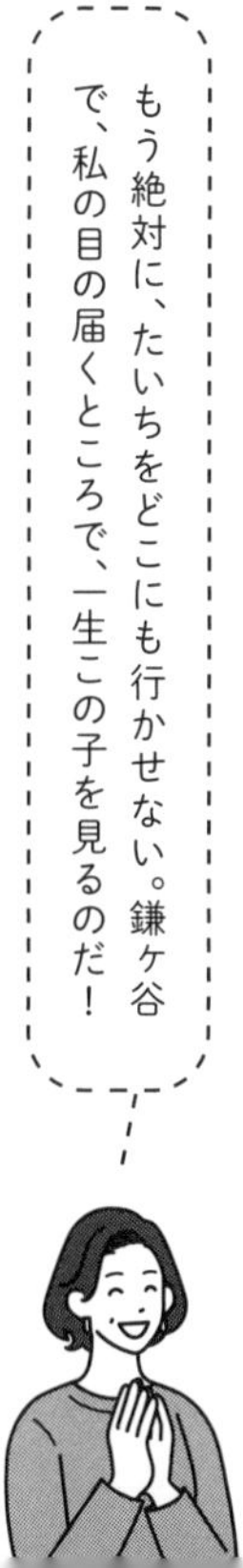
もう絶対に、たいちをどこにも行かせない。鎌ケ谷で、私の目の届くところで、一生この子を見るのだ！

と願っていたのではないでしょうか。

たいちが初めての場で、初めて会う人々の中で、どれだけ不安でいたか。

彼の表情に注目して、第一にそれを考えていた人は、もしかしたらいなかったかもしれません。

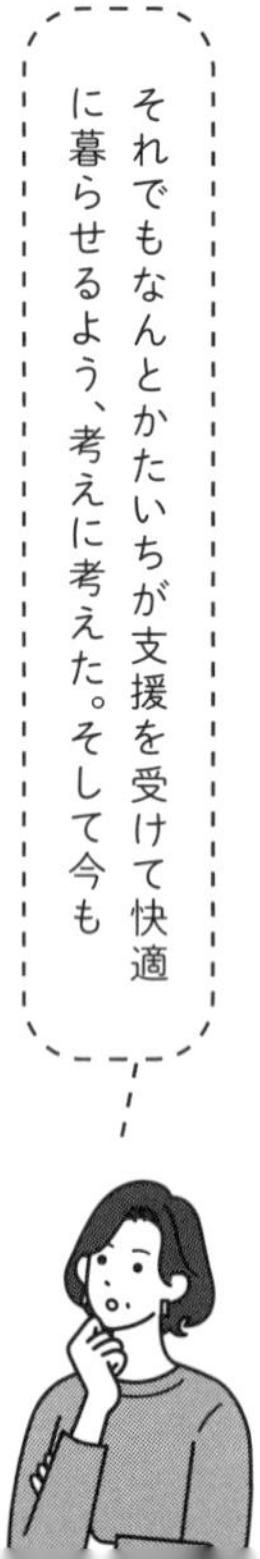
それでもなんとかたいちが支援を受けて快適に暮らせるよう、考えに考えた。そして今も

グループホームでの障害者の生活支援

現在ヒロイチホームで生活している利用者のほとんどが、強度行動障害の方です。

障害支援区分「6」である彼らの、実際の支援はどういった様子なのでしょうか。

ここでは主なヒロイチホームでの支援についてお話ししてみたいと思います。

①食事の支援

自閉症の方が一品食いをするのは、よく見られる光景です。

今は食育の考え方が変化し、学校でも三角食べの指導はされなくなったようですが、それでも彼らの一品食いに冷ややかな目が向けられることもあります。

でも、いったい何が悪いのでしょうか。別にいいじゃない、食べてくれさえすれば。と私は思ってしまいます。

彼らは適量がわからなくて延々同じものを食べ続けているのでしょうか。白いご飯には何もかけたくないという方もいます。味覚的なもの？　いろんな味が混ざるのが嫌？　それもあるかもしれません。

あるいは、**味覚というよりは視覚のようにも感じられます。**1皿ごとにきれいになるのが快感なのかもしれません。

彼らに聞いてみないと、真実はわかりませんが……。

特定のものしか食べない、というこだわりも、自閉症の子どもにとてもよく見られます。栄養が偏ってしまうので、親としては心配になりますが、**大人になってある程

度社会生活をすると、自然といろんなものを食べるようになります。問題なく発育していけるようなら、あまり心配せず、長い目で見ていても大丈夫かもしれません。

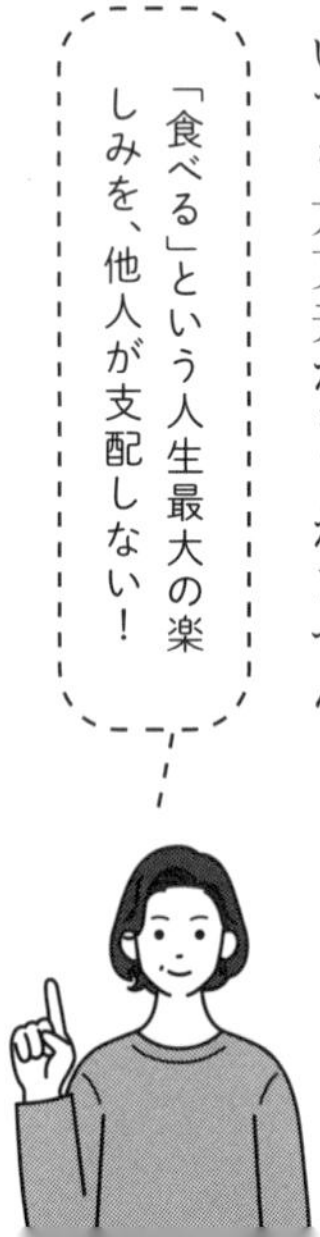
「食べる」という人生最大の楽しみを、他人が支配しない！

②排泄の支援

強度行動障害の方に見られる行動特性として、トイレ外での排泄行動があります。実は、たいちにはこれがあるんです。だから最初の頃はスタッフはとても驚いたと思います。

トイレではないところに排泄するという、普通に聞いたらびっくりするような行為。でも、この行為がある種のコミュニケーションだったりするのです。

彼は、通常は自分でトイレに行って排尿、排便できます。でも、たとえば新しいスタッフが来たときなどに、急に自室のベランダで排便をしてしまうんです。

この現象はいったい何なのでしょうか。

そういえば、小学校低学年で若いB先生が新しく担任になったとき、もう1人のベテランの先生がこんなことを仰っていました。「たいち君はB先生のときは、お世話してもらいたくてよくお漏らしをしていました」

また、初めてグループホームの体験入居に来た方が、何度も何度もトイレに行ったり、失禁をしたりすることがよくあります。たいていの場合、親御さんは仰います。「家ではしないのに……」と。

緊張しているからというよりは、**排泄への反応を通してこちらの様子をうかがおうという、彼らなりのコミュニケーション**なのではないかと感じています。

ヒロイチホームでは、この「たいちがベランダで排便をする」という行為をなんとかなくそうと、何年も取り組んできました。そして、事象に対して適切な支援かどうかはさておき、1つ有効といえる手立てを見つけました。

それは「褒めること」です。

いや誤解しないでください。ベランダでしたことを褒めるんじゃないですよ。

こういうときに大事なのは、正しい場所で排泄できたときに、**それが当たり前だと**

思わず、めいっぱい褒めてあげることなんです！

強度行動障害の方は、小さい頃から「ダメ！　やめなさい！」と言われて育つことが多く、しかもできることよりもできないことが圧倒的に多いので、褒められるということがまずありません。そのため、褒めてもらえると人一倍うれしいのです。

「ちゃんとトイレでできてえらかったね」「よくできたね」とたくさん褒めてあげることで、信頼関係も育ち、行動が徐々に変わっていきます。

自分を否定されないという経験。褒められる↓自分の存在が認められた↓安心という心理の醸成。

こういったものを、何年もかけて、オリンピックを待つくらいの気持ちでゆっくり育んでいかないとダメなんです。

とにかく、気長に。私たちと彼らは、スピード感も違うのですから。

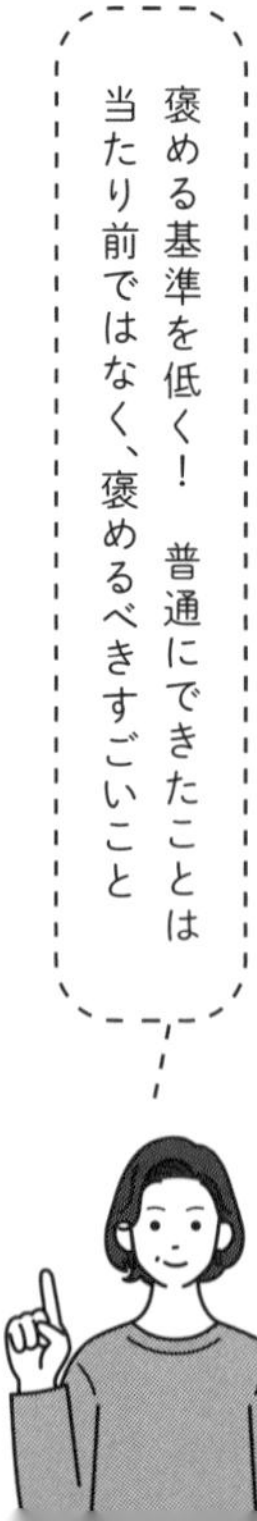
褒める基準を低く！　普通にできたことは
当たり前ではなく、褒めるべきすごいこと

③清潔を保つ

本人の意思というよりは、やや強引に他のグループホームから移されてきたC子さんは、入居後少し経ったある日から、入浴を完全に拒否するようになりました。

お風呂に入ってもらえないままかれこれ1カ月以上が経った頃、私たちは**「入浴をさせる！」という考えをやめてみました。**代わりに、毎日部屋にいって清拭《せいしき》と着替えをするのです。

そのうち彼女は「股を拭いてくれ」とか「もっとやさしくやって」などの要求をするようになりました。

それを聞いて、「これ、大丈夫かも」と直感で感じました。

それからさらに日々が過ぎ、ある日、ちょっとしたタイミングで入浴の声かけをすると、**何事もなかったかのようにスムーズに入浴してくれました。**その後今までずっと、拒否をされたことはありません。

私たちはその間、なぜ彼女が入浴拒否するのかについて理由を探るべく、家族に聞いたり、前のグループホームの方に聞いたりしましたが、よくわかりませんでした。

彼女の普段の妄想のような言動の中に、どうやら水が怖いらしい様子があるので、何か水についての嫌な思い出があるのかもしれません。あるいは、最初の頃の入浴で何か気に障ることがあって、それが清拭を続けてきた中で解決したのでしょうか。

結局答えは彼女のみぞ知るということになりましたが、結果オーライじゃないでしょうか。この時期にいろんな角度で彼女のことを一生懸命知ろうとした私たちの日々は、たぶん無駄にはならなかっただろうと思います。

彼女のように、**特定の支援を嫌がって受け入れてくれないことを、「支援拒否」という言葉で表す**ことがままあります。

でも普通に考えて、初めて訪れた、知っている人が1人もいない空間にポツンと入れられて、すぐに何もかもを受け入れることができるでしょうか。

いやいや、とてもじゃないけど無理でしょう。むしろ、**介助、支援をさせてくれることのほうが、奇跡的でありがたいこと**なんですよね。

利用者からすれば、支援者（スタッフ）は何者なのかわかりません。**自分のことを**

何も知らないのに、当たり前のようにあれこれ指示されたら、いい気がしないのはごく普通のことですよね。

支援者は教育者ではありません。訓練員でもありません。グループホームは学校でも訓練所でもありません。ただ彼らが日々生活するための家、住処です。

家にいる以上、立場が上なのは当然のごとく利用者なのです。

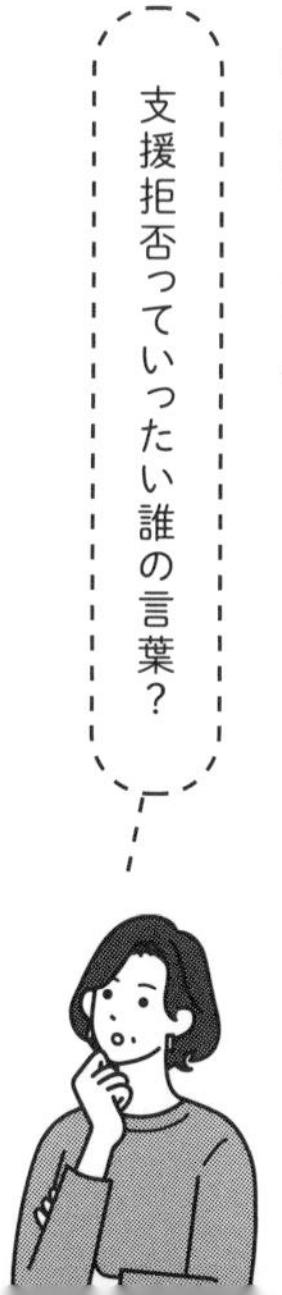

④病院の受診

たいちは小さい頃、突発的に走ったり、飛び出したり、ちょろちょろ動き回ったりする多動の子どもでした。

あるときお店で用事を終えて外に出ようとしたら、いつもの調子でバーッと突っ走っていってしまい、そこへ運悪く車が来て、跳ねられてしまいました。

幸いスピードがあまり出ていなかったので、大事故にはならなかったのですが、ぶつかった瞬間ぽーんと体が浮いて、頭から血も流していました。

交通事故だということで救急車が来て、病院に運ばれて、本当ならそこでCTを撮ったり、レントゲンを撮ったりしないといけないのですが、たいちはじっとしていることができません。**何をされるかわからない恐怖、見通しがつかない恐怖にさらされているというのに、じっと我慢していられるわけがありません。**

なんとかレントゲンだけは、網のようなもので縛りつけるかたちで撮りましたが、CTはどうしても撮れませんでした。

でも頭から血が出ているということは頭を打っているので、やっぱりCTを撮れないのは不安です。もし後々症状が出てきたら……。

と、心配している私をよそに、**たいちは血を流しながら病院内を走り回っていました……。**

強度行動障害の方に、病院や歯医者、理容室など、**「日常ではないけど生きる上で必須」**なことになじんでもらうのは、とても難しいです。

感覚過敏、感覚異常などの特性によって増幅される恐怖のせいで、医療処置ができない、注射ができない、ワクチンさえ打ったことがない、という方は多いのです。

社会で生活するために必要なことが受けられない状態に、どう対処するかというのは、深刻な問題です。

ただ、**何度も繰り返しやっていると、彼らもだんだん慣れてきます。**

新型コロナウイルスのワクチンのように短期間で何度も経験する機会があると、「あぁ、またあれだね」「これから腕に針をさすのだな」と見通しがつきます。**これから起こることが自分なりにわかる！　それは彼らに大きな安心を与えます。**

慣れるスピードには個人差がありますが、時間をかけて彼らの中に染み込ませなければなりません。

病院に行くのが苦手な利用者には、事前に絵を見せて「今日はこれをやります」と情報を入れるようにしています。そうすることで、本人の中であらかじめイメージできるようにしてあげるのです。なかなか1回でうまくいくわけではないですが、繰り返していけば理解してくれるようになります。

こうして**生きるために必要なことを受け入れられるように支援する**のです。私たちの想像を絶するくらい、ゆっくりと段階を踏みながら。

これが**家庭では難しいケースもあります。**たとえば小さい頃に病院に連れていって暴れたことがあると、お母さんのトラウマになって、暴れるのが怖いから病院に連れていけない、ということもあるんです。

根気強く向き合えば改善していくといっても、なかなか心理的に踏み出せないこともあるでしょうから、そういうときはやはり**人の手を借りる、グループホームなどに子どもを預けていろんな体験をさせて慣れさせる**というのは、良い選択肢です。多くの人に面倒を見てもらうことで、親子の1対1では解決できなかったことが解決できるようになり、お互いのためになります。

将来親と離れた後に安心して生活してもらうためにも、早いうちからいろいろな経験をさせておくことが大切だと、私は経験から感じています。

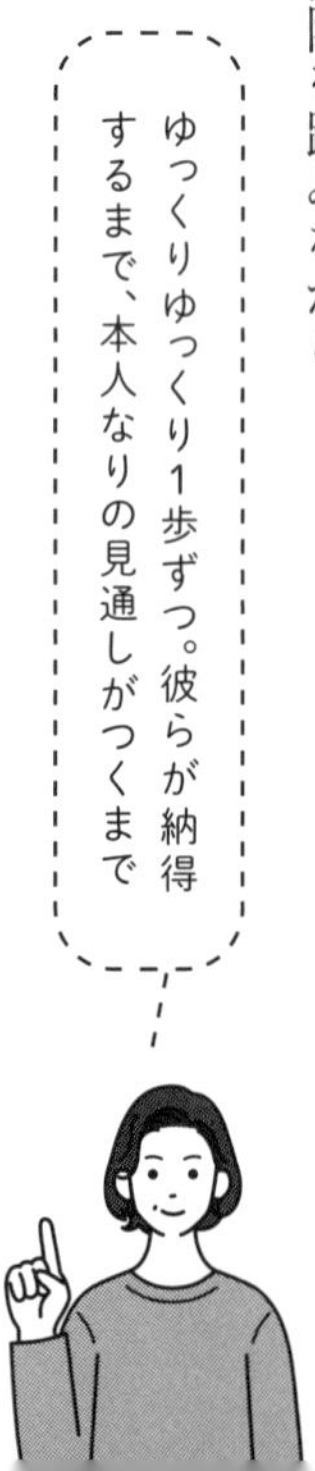
ゆっくりゆっくり1歩ずつ。彼らが納得するまで、本人なりの見通しがつくまで

他人に任せることに最初は不安もあるかもしれませんが、**彼らは意外とこちらが心配しているよりも早く慣れてくれる**ものですよ！

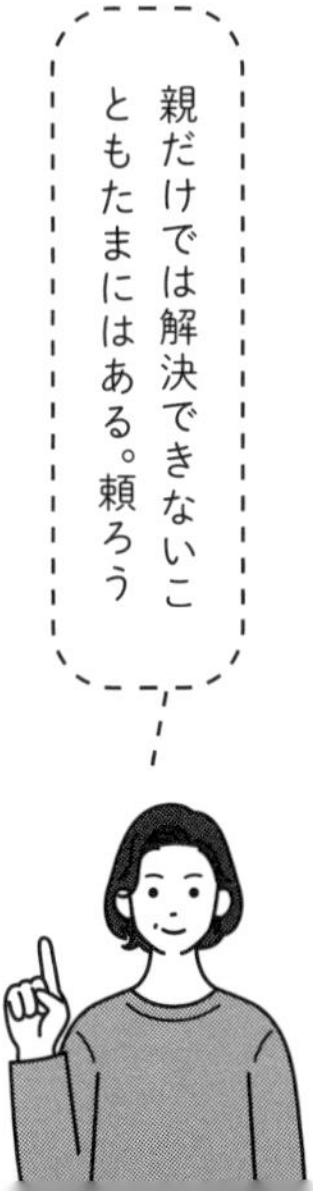
親だけでは解決できないこともたまにはある。頼ろう

⑤髪を切る、爪を切る、歯医者に行く

たいちは理容室になかなかなじむことができず、じっと座っていられませんでした。それで、理容師さんが途中で遊ばせたりお菓子を食べさせたりしながら時間をかけて髪を切ってくれていました。

たいちは他の強度行動障害の方と比べても慣れるのが遅いほうで、みんなが2回で理解することに8回かかったりします。でも、そんな彼でも、7年くらいかけたら最初から最後まで座って髪を切ってもらうことができるようになりました。

ヒロイチホームに来て7年くらい経つD子さんは、毎日のルーティンは自分でできることが多く、実にしっかりと生活しています。しかし極端に感覚過敏で、理容室や爪切りとなると、何回やってもいまだに恐怖があるらしく、大声で叫びます。

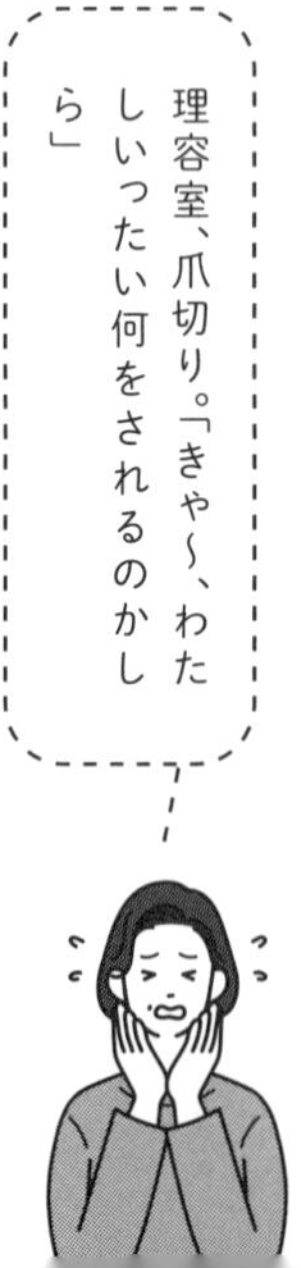
理容室、爪切り。「きゃ〜、わたしいったい何をされるのかしら」

しかし、しかし、まだ7年、ゆっくり待ちましょう。少しずつ、ほんのわずかでも、恐怖の対象のことが理解できつつあるのですから。

さて、もう一つ、**生きていれば誰もが通る道といえば、歯医者。**

自閉症の方は歯科受診がとても苦手で、そのため診てくれる歯医者さんを探すのにお困りの方は多いと思います。知的障害者、障害児を専門に診ている歯医者がありますので、大学病院の口腔外科など、対応しているところが近隣にないか探してみてください。

治療は、どうしても必要なら、虫歯の治療でも全身麻酔を使います。

こうして、非日常だけど定期的に訪れるものには、とにかく慣れてもらう。何が起きるのかイメージできる状態をつくってあげる。

彼らの最大の恐怖は、見通しがつかないこと。この壁を1度乗り越えて、本人なりの見通しがつき安心できれば、**彼らも生きやすくなるし、私たちの支援も楽になる**のです。

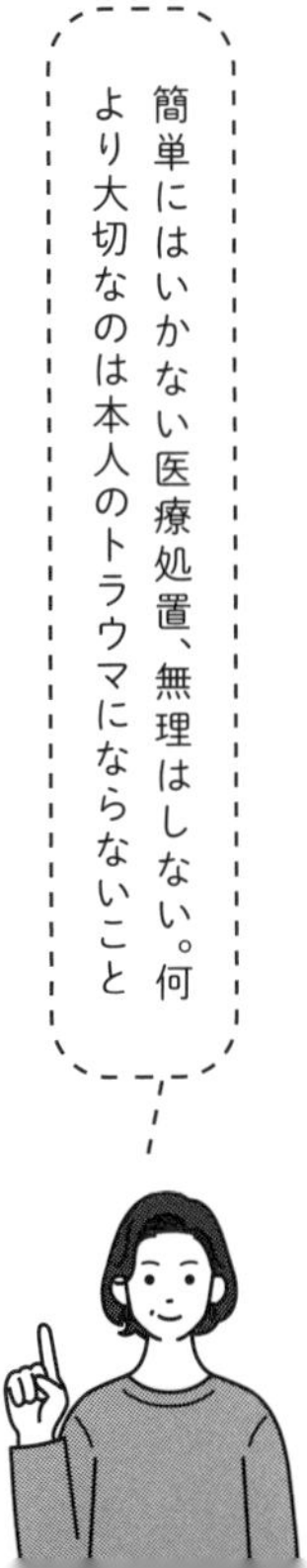
簡単にはいかない医療処置、無理はしない。何より大切なのは本人のトラウマにならないこと

⑥脱走への対応

たいちは今でも、こちらが気を抜くと脱走して迷子になることがあります。

昔はたいちの姿が見えなくなると、あらゆる最悪の事態を想像してしまって寿命を縮めるばかりでしたが、今の私は落ち着いたものです。

迷子になったたいちは、だいたいどこかのお店で盗み食いをしています。

たとえばコンビニとかにふらっと行ってしまって何か悪さをしていると、**店員さんが「変な人がいる」と考えて警察に通報します。**強度行動障害の方と接したことのない、存在すら知らないかもしれない方から見ると、たいちのようにお店のものを食べてしまう人が来たら、警察に来てもらう以外の選択肢は思いつかないでしょう。

おかげでたいちはすぐに見つかります。

あるときは出先の駅前で迷子になって、**盗み食いをはしごしちゃっていた**ことがありました。それで通報されて、すぐに見つかったは見つかったのですが、そのうちの1件が、なんとお魚屋さんだったのです。

たいちはそこで、**まだ商品にする前のイカか何かを食べちゃったとか……**。お店としてもお腹を壊されたら問題になってしまうので、とてもご心配をおかけしてしまいました。

そんな調子で迷子になってもすぐに警察が見つけてくれるので、**最近ではもう、たいちがいなくなっても探しません。**

「こんな子が迷子になりました。たぶんどこかのお店で何か食べていると思います」と連絡を入れれば、必ず警察があっという間に見つけてくれます。私が1人で探し回るよりもずっと早いです。

昔は周囲の方からのアドバイスでも「30分探して見つからなければ警察に連絡したほうがいい」と言われていましたが、実際は1人でやみくもに探していても、その間にさらに移動されてしまってなかなかたどり着くことができません。

でも、**たいちが何かをしでかしたら警察には連絡が入ります。だからそれをあてにしてすぐに警察に知らせておけば効率がいいし、早く見つかる**のです。

彼らは脱走して、何らかの自分の思いに突進しています。心配を短時間にするためには、**行動の特徴を掴み、彼らの行き先を想定しておくこと**が近道です。

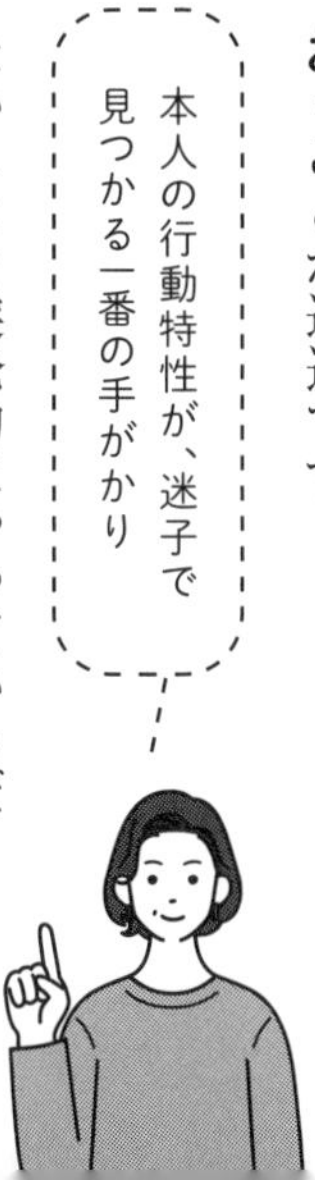
本人の行動特性が、迷子で
見つかる一番の手がかり

はたして彼らの脱走は「迷子」なのか……。やりたいことを突発的にやっているだけで、**実は本人たちは迷ってはいない**んですよね。「迷子」というのはこっち側の勝手な認識なのかもしれません。

とはいえ、そう呑気なことばかり言っていられないのもまた事実。米国にも自閉症児はたくさんいて、さまざまな研究がされていますが、失踪して何年も見つからないケースも多く、たいていの結果は絶望的なものだそうです。

彼らはふと思い立つと、とてつもなく遠いところまで行ってしまう可能性があります。グループホームでお預かりしている利用者さんたちの命を守るためには、やはり鍵を取り付けたり音で気づけるようにしたりと、**物理的な環境設定をしなければなりません。**

施設などから脱走するときは、**本人の何らかの欲求が満たされていない**ことが少なからずあります。入居して間もない頃になんとか脱走を試みる利用者が多いのは、そのためでしょう。

物理的な対策と同時に、まずは彼らのせつない思いに耳と心を傾けることも大切にしたいものです。

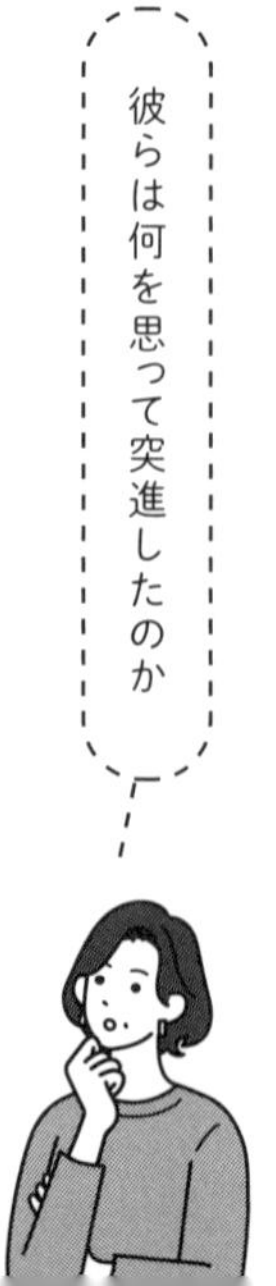

施錠が安全と尊厳を守る

「グループホームって、こんなに鍵をかけるんですか？」

「なんだか閉じ込めてるみたいで、かわいそう……」

グループホームに見学に来て、鍵の多さに気が引けてしまう方が一定数います。たしかにそうですよね。ぱっと見た印象だと、とかく鍵というものはネガティブなイメージを与えてしまいがちです。

しかし、これらの鍵は決して、彼らを管理しやすいように閉じ込めておくための設備ではありません。


彼らの安全を守り、尊厳を守るために鍵を使っているのです。

脱走が大得意なたいちのように、強度行動障害の方は、目を離した隙にどこかにいってしまうことがあります。外に興味を引かれるものがあると、ふらっと出ていってしまうのです。

外にどれほどの危険があるか、彼らは十分に認識できていません。車、電車、線路——社会には予期しない危険がたくさんあります。私たちはそれらをある程度予測できるけれど、彼らはそうではありません。

たいちは電車に乗るためによく駅のホームに行きますが、**危険の認識がないために、ホームの端で平気でぴょんぴょん飛び跳ねてしまいます。**

そんな彼らがうっかり外に出て事故に巻き込まれないよう、外につながるドアや窓は自由に開けられないようにしておく必要があるのです。

最近はチェーンや南京錠のようなものものしい鍵は必要なくて、セキュリティサムターンという便利な製品があります。鍵を閉めてサムターンを抜いてしまえるので、家の中から外へ出ることができない仕組みになっているのです。それを使えば、見た目にはそんなに違和感のない状態で、彼らを危険から守ることができます。

また、**彼らの部屋に鍵がついているのは、不在時に他の利用者が入ってしまわないためです。**こちらはむしろ、鍵がないほうが不安を感じるという方も多いでしょう。

強度行動障害の方が多いヒロイチホームには、人の部屋に入って悪気なくクローゼットを勝手に開けてしまう利用者もいました。そういう**プライバシー、侵されない領域を守るために、やはり鍵がいるのです。**

もっと障害の度合いが軽い利用者が多いグループホームだと、利用者がそれぞれお金や貴重品を所持していることもあります。個室に鍵がないと盗難のリスクもありますから、トラブル防止のためにも鍵は必須です。

ただし、**なんでもかんでも鍵をかけるのではなく、利用者に応じて、開けておいていい場所や、開けておいていい時間帯は、開けておく。**

グループホーム側には、常にそういった配慮が必要ですね。

グループホーム以外での日常

平日の朝と夜、そして休日はグループホームで過ごす彼らですが、平日の昼間はホームの外で過ごします。

ここではその一例をご紹介しましょう。

①生活介護

学校を卒業したたいちは、平日の昼間は他のみんなと一緒に近くの作業所（生活介護事業所）に通うようになりました。

作業所では、障害の程度に合わせて、できる作業をさせてもらえます。人によってはクッキーなどの食べ物を作ることもありますが、たいちはマスクや手袋、帽子などの着用を嫌がるのでできません。

なので、パターン化した仕事をさせてもらいます。たとえばピンチバネ入れといって洗濯バサミなどを作る仕事や、お弁当につけるお箸とお手拭きのセットを作るなどの仕事です。

それから陶芸もします。手で土を触る感触が好きみたいです。陶芸は特別支援学校の頃からさせてもらっていて、コップとか、何かいろいろくっつけてみた作品とか、いろんなものを作って持って帰ってきました。

生産的な仕事ではなく、見通しがついて安心でき、充実した豊かな時間を送るための活動が生活介護です。

自閉症の人は、これまでに得た情報を統合して物事を認識する、ということが苦手なので、代わりに五感を使って認識しています。触れたり、見たり、または匂いを嗅いだりすることで、楽しい、気持ちいいと思える作業が、彼らの豊かな時間をつくってくれます。

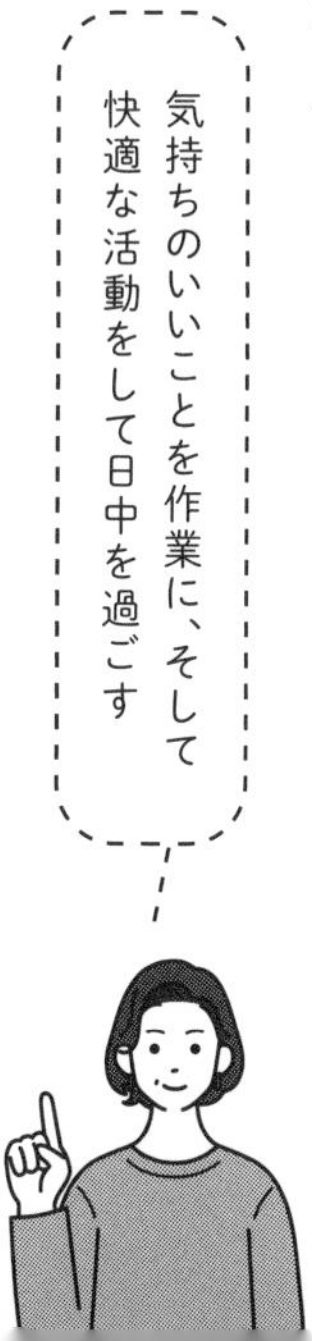
気持ちのいいことを作業に、そして快適な活動をして日中を過ごす

②移動支援という余暇支援

移動支援という福祉サービスがあります。支援者が1対1で付き添い、主に移動の手助けをしてくれるサービスです。

1人では乗り物に乗れない。余暇を楽しむことができない。そういった方を支援し、グループホームでの「住む」という最低限の生活に＋αで、本人に合った社会参加を実現させてくれます。

たいちの場合は、作業所から帰ってきた後、**夕方4時から5時までヘルパーさんとお散歩**というかたちでこのサービスを利用しています。

グループホーム外の支援者とコミュニケーションを取れる時間でもあります。

目撃したキャッチボール

その移動支援で、ある日こんなことがありました。

私が普段いる部屋から、ちょうど公園が見下ろせるようになっているのですが、ある日そこへ、ヘルパーさんに連れられたたいちがやってきました。

外の声がよく聞こえてくるので、普段から「あ、たいちが公園に来たな」とわかるのですが、その日はたまたまちょっと窓の外を覗いてみたんです。

すると、少し大きめのボールが転がっていたのを、ヘルパーさんが拾いました。どうやら近くの女の子たちが遊んでいたボールを、貸してもらったようです。

そして、たいちに少し離れるように言って、言われたとおり離れたたいちに、ボールをポンっと投げました。

そう、キャッチボール。——**大人になったたいちのキャッチボールが始まろうとしている現場を、偶然目撃してしまったのです。**

私の心は躍りました。いったいたいちはどんな反応をするのだろう。

子どもの頃は、パパがボールを投げても理解できない様子で、いちおう取ってはみたもののどうしていいかわからず、挙げ句、手に持ったままパパのところに持っていっていました。自閉症あるあるの、キャッチボールできない現象です。

あれから長い年月が過ぎました。大人になったたいちは、飛んできたボールをどうするのでしょうか？

案の定、昔と一緒。自分に向かってボールがポーンと飛んできたから、よくわからないまま取りました。

さあ、この後どうするんだろう？　私はすごく楽しくて、なんていい場面に出くわしたんだろうとわくわくしながら様子を見守っていました。

すると、たいちは受け取ったボールを不思議そうに眺めています。「なんだろうなこれ、いったいどうしろっていうことなんだろう？」と考えているような様子です。

投げるかな？　持っていくかな？

ヘルパーさんはあのときのパパみたいに、たいちに「ちょうだいちょうだい！こっちに投げて！」って言っています。でもたいちは投げません。何か欲しいって言ってるみたいだな、というのは、どうやらわかっているようです。

そしたら次の瞬間――。

なんとたいちは手に持っていたボールを、ポンッと地面に落とすようなかたちで投げ返しました！

「投げたじゃん！」

私はとてもうれしくなりました。相手が取りやすいように投げ返せたわけじゃないけど、相手の顔すら見ないでそっぽを向いていたけど、それでもたいちがボールを投げたんです！

そしたらヘルパーさんがそれを受け取って、もう1度たいちに投げました。2度目のラリーです。**たいちは今度は、それをバレーボールのように打ちました！** そんな技まで身につけていたのですね！（笑）

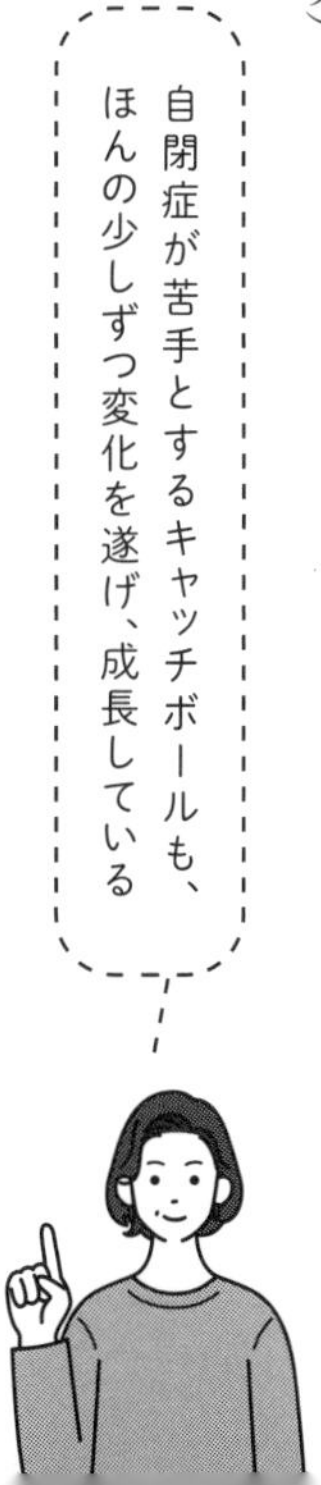
自閉症が苦手とするキャッチボールも、
ほんの少しずつ変化を遂げ、成長している

たかがキャッチボール。しかも、うまくできたわけじゃないし、見る人によっては「キャッチボールができないんだな」と思われるでしょう。

それでも私にとっては、たいちの思いがけない成長を知ることができたワンシーンでした。

ヘルパーさんがたいちにいろんなことを経験させようと一生懸命工夫してくれて、本当にありがたく思っています。

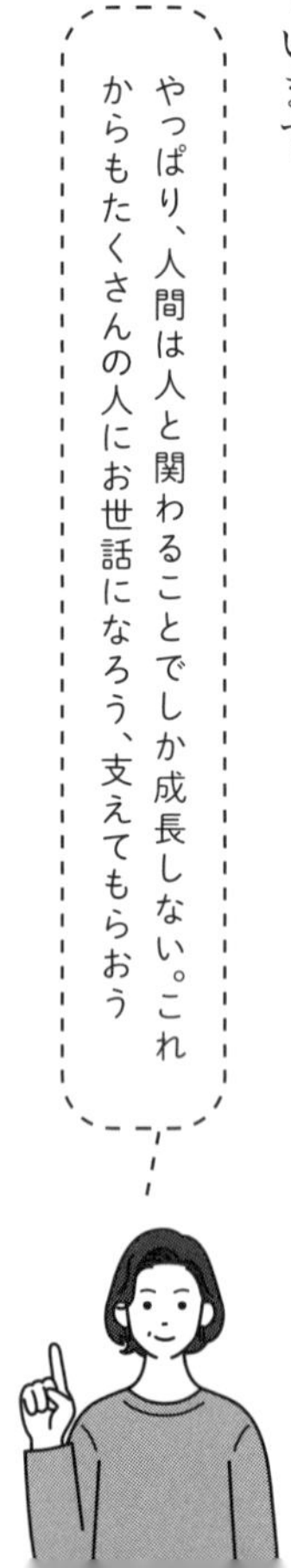
やっぱり、人間は人と関わることでしか成長しない。これからもたくさんの人にお世話になろう、支えてもらおう

第5章

強度行動障害への理解を深める

グループホームはお化け屋敷

自分の家族、親戚、友人、恋人以外で、自分で選択もしていない、しかも人生で初めて会う人と、同じ空間で長い期間（下手すると一生）生活を共にする。

そんな体験をしたことがある人は、どのくらいいるでしょうか。

通常であれば考えられないし、できることなら避けたいその状況を、なぜか障害のある方は受け入れないといけないのです。

まして、強度行動障害の方は、情報の統合や分析が苦手。初めて訪れるグループホームは、見通しがつかず、どんな人がいるどんな空間なのか想像すらもできない、恐ろしい場所です。**まさに、手探りで一寸先は闇の、お化け屋敷！**

そんなお化け屋敷に、わけもわからず連れてこられて、突然そこでの生活が始まるのですから、彼らの不安はどれほどのものでしょうか。

でも、お化け屋敷も、安全な通り道がわかれば進めます。

彼らが安心して進んでいけるように、真っ暗なお化け屋敷に安全な通り道をつくる。そして必要なときに手を引いて、一緒に歩いていく。

それがグループホームの支援です。

適切な支援をするためには、彼らをよく理解することが求められます。「こっち側」の認識を手放して、「あっち側」に立つ。

つまり、**「一般的に」「普通は」ではなく、「彼らはどうなのか」「彼らにとって何が起こっているか」。**

自分とは異なる仕組み（感じ方、認識の仕方）であることを前提に、彼らを見ることが重要なのです。

「あっち側に立つ」ことは、**「つらいよね」「心配だよね」と同感したり、共感したりすることとは異なります。**感情を慮ることではなく、「別な仕組み」の成り立ち、システムを知ることなのだと思います。

支援者である私たちは、彼らと生活する中で起こったさまざまな事例から、少しずつ彼らのロジックを学んでいます。

事例①消えた4つの賞味期限切れプリン

たいちが小学4年生のときでした。

その日は運動会の練習で非日常なスケジュール進行となっていて、たいちの通う特別支援学校には落ち着かない空気が流れていました。

そんな中で、たいちはそわそわしてその場にいづらい気持ちになってしまったのでしょう。みんなの元を抜け出し、一人で高等部の建物に迷い込んでいたようです。

「お母さん、たいちくんが冷蔵庫のプリンを食べてしまいました。1つじゃないんです。4つも食べちゃったんです！」

電話口の先生の声はとても慌てていました。

どうやらたいちは、高等部にあった冷蔵庫を開けて、その中に入っていた給食の残りのプリン――しかも**賞味期限切れのプリンを4つ、まるまる平らげてしまったらしいのです。**

「すみません、放課後お詫びに伺いますので……！」

お腹を壊してしまわないか心配だということで、先生は一生懸命謝ってくれたのですが、う～ん……、どうも、謝る論点がズレているような。

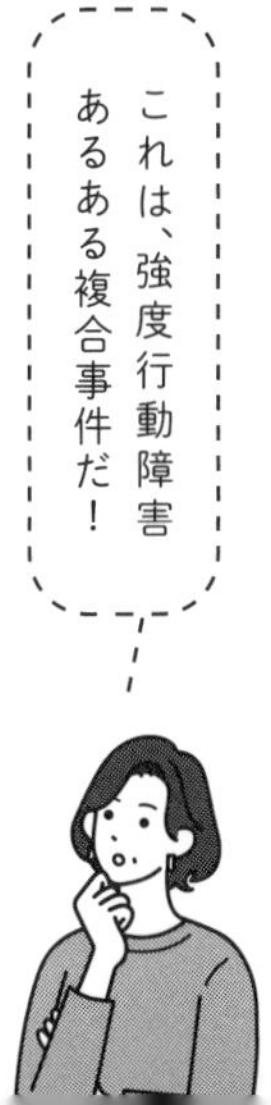
これは、強度行動障害
あるある複合事件だ！

たしかに、校内で賞味期限切れのものを食べてお腹を壊したら、学校側としても問題になってしまうでしょうし、慌てる気持ちもわかります。でも、たいちが何か食べてお腹を壊したことはなかったので、私はそれ自体は心配していませんでした。

それより気になったのは、このような障害のある子をたくさん預かる学校で、**誰でも手の届く冷蔵庫に賞味期限切れのものを放置していた**という、管理体制への疑問。

そしてそれ以前に、**「たいちがいなくなっても誰も気づかなかった」**ということ。

運動会の練習中のような非日常な状況下では、意外と不用心になってしまうものです。そんなときこそ、脱走が大得意の自閉症の子たちがどこかへ行ってしまわないよう、しっかり目を配っていないといけないのに、**たいちがみんなの元を離れて、高等部まで歩いていって、冷蔵庫にたどり着き、プリンを食べ尽くしてしまう、それまで誰も気づかなかった――**。

これが高等部ではなく、**学校の敷地の外に行ってしまっていたら？**

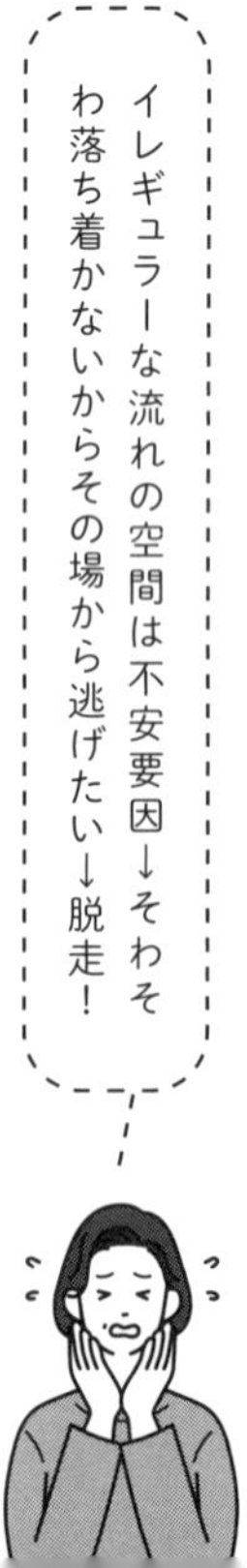
イレギュラーな流れの空間は不安要因↓そわそわ落ち着かないからその場から逃げたい↓脱走！

実はこの一件は、私にありがたい気づきを与えてくれました。

私はたいちが小さかった頃、忙しい私の目を盗んでは盗み食いをするたいちを怒鳴っていました。

でも、それってたいちが悪かったのでしょうか？

あの頃は、変なものを食べてお腹を壊しては大変だからと、怒鳴ってやめさせることしかできませんでしたが、本当であれば、**たいちが盗み食いをしなくて済むよう、私が対策してあげないといけなかったのです。**

日頃からなんでもかんでも口に入れてしまうたいちは、「お腹が空いているのかしら」と言われることもあります。でも、**実はそうじゃない**んですね。

この行動は「異食」と呼ばれていて、行動障害の1つですが、彼らがなんでも食べてしまうのには別の理由があります。

1つめに、口に入れることでそれが何であるかを確かめている。2つめに、口に入れて感触を楽しんでいる。3つめに、味の刺激を楽しんでいる。**彼らは彼らなりに、口の中で何かを感じているのです。**

ここをわからないで、ただ「やめなさい！」と怒鳴っていては、本人は何を怒られているのか意味がわかりません。

彼らのロジックを理解して、安易に口に入れたら困るものは**目につかないようにしてあげる。口まで運べない状況をつくる。**

何も対策していないと洗剤なんかも飲んでしまいますから、そうなってしまったら命に関わります。彼らを守るために、私たちの最大限の配慮が必要です。

お母さん方の中には、子どもが冷蔵庫の中のものを全部飲んでしまうので、冷蔵庫に鍵をかけているという方もいらっしゃいました。

今のグループホームでは、冷蔵庫が利用者の視界に入らないよう、死角になる場所をつくって冷蔵庫を置いています。

彼らは目につくと興味を引かれて突進してしまいますが、目につかなければ行動を起こさなくなることも多いです。**こちらが十分に対策することで、彼らの問題行動履歴を増やさずに済むのです。**

自閉症の特異な行動、「異食」
は環境設定するしかない

♡事例②大事なものだった紙くず

ヒロイチホームでのある夜、E子さんが突然、食器、リモコン、ティッシュの箱など、リビングにある物を手当たり次第に投げまくりました。割れた食器などで室内は歩く場もないほど。わけもわからず物が飛んでくる状況に、他の利用者たちは怯え、スタッフもどうしていいかわかりません。

このように物を投げる、毀損するなどの行動を起こすと、強度行動障害の問題行動履歴として記録され、周囲の人は「どうやって物を投げる行為を防ごうか」と対策を考えます。

ですが、ちょっと待ってください。

E子さんが物を投げたのはいったいなぜだったのでしょうか。

その原因に目を向けることで、もっと適切な支援ができる可能性があります。

利用者の行動から原因を探るのは、とても難しい作業です。なぜなら、私たちには

「物を投げた」という結果しかわからないし、強度行動障害のE子さんは自分の気持ちを言葉で伝えることができません。

コミュニケーションが取れないのだからわかりようがない、と考えてしまえばそれまでですが、私たちにはまだ「推測する」という手段が残されています。

私たちは、**E子さんが物を投げる前の行動や状況、周囲に誰がいて、どんなやり取りがあったかを、時系列を遡りながら一つひとつ検証しました。**

すると、少し前にスタッフがテーブルの上を片づけようとして、E子さんのそばにあった紙くずを捨てたことがわかりました。

実はその紙くずは、E子さんが何かを伝えるために用意していた、大事なものだったのです。

「そうか、大事なものを捨てられたから、暴れたんだね」

「明日、E子さんに謝っておきます」

スタッフ間で話し、翌日にはE子さんと和解することができました。

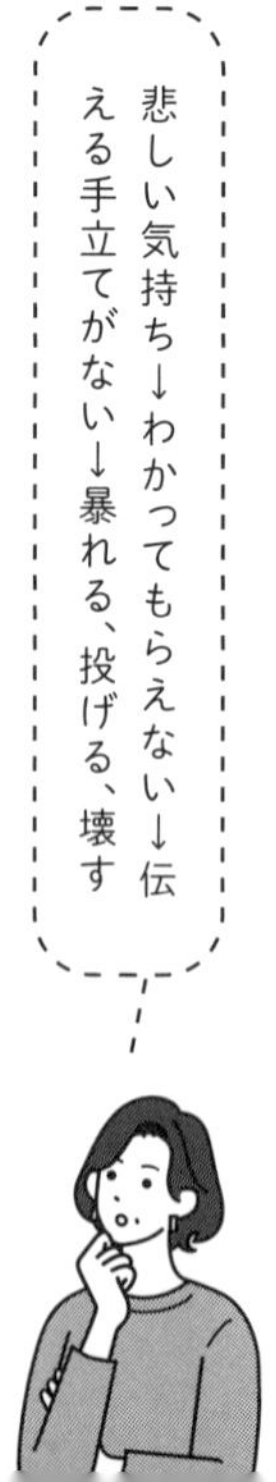
悲しい気持ち↓わかってもらえない↓伝える手立てがない↓暴れる、投げる、壊す

私たちがたどり着いた答えが必ずしも正解ではなかったかもしれないし、もっと他にもいくつかの要因があったかもしれない。本当のところは本人に聞かないとわかりません。

ですが、**少なくとも1つの手掛かりにはなるし、こういった理解とコミュニケーションを繰り返していくことが、少しずつ彼女の不安や不満を解消していくことにつながっていく**のです。

ただ物を投げるのを制止して終わったり、「投げちゃダメ！」と叱りつけたりすると、**彼らは「わかってもらえない」「悲しい」「悔しい」という気持ちから、ますますその行動を繰り返すようになります。**

彼らがそういった行動に出ないで済むように、私たちがうまく支援することができれば、問題行動は次第に減っていきます。

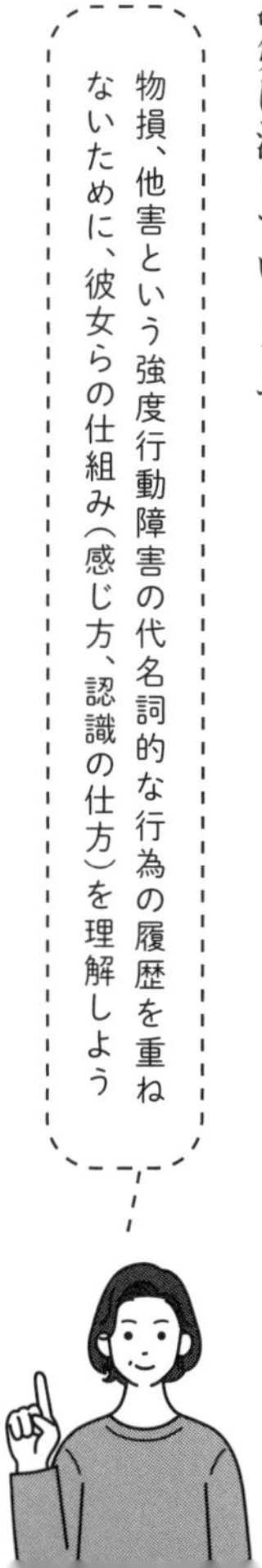
物損、他害という強度行動障害の代名詞的な行為の履歴を重ねないために、彼女らの仕組み（感じ方、認識の仕方）を理解しよう

事例③ポン酢スパゲティ

F子さんはその日初めてヒロイチホームの体験入居に来ました。

食事の時間になり、何が好きかな、どのくらい食べてくれるかな、とスタッフも探り探りだった中、F子さんが訴えました。**「スパゲティにポン酢をかけて」と。**

スパゲティにポン酢!? スタッフは驚きましたが、言われるままに彼女のスパゲティにポン酢を少しかけました。すると、F子さんはそれを全部食べたのです。

もしかしたら、味覚障害かな? そう思っていると、今度は副菜のポテトサラダに「ソースをかけて」と要望してきます。スタッフが首をかしげながらもかけてあげると、F子さんは喜んで食べました。


夕食になると、今度はまたおかずに「ポン酢をかけて」と求めてきます。

「これはケチャップ味がついてるからね」

スタッフはそう言って、F子さんの要望を聞き流しました。

その夜のごはんはあまり食べてくれず、夜中も一晩中落ち着かない様子で、何回もトイレに行ったり、暴れたりして、**F子さんの一泊体験は「落ち着きがなく目が離せない状況でした」という結果になりました。**

スタッフから報告を受けた私は、ご自宅に帰った後のF子さんの様子が気になって、お母さんに連絡しました。そして「F子さん、何か仰ってましたか？」と尋ねると、お母さんはこう仰ったのです。

「ごはん、スパゲティ食べた、って言ってました」

私はそれを聞いて、そうか、と思いました。

彼女は、スパゲティにポン酢をかけてもらえたことがうれしかったんだ、と。

つまり、彼女は味覚障害なのではなく、おそらくポン酢スパゲティを食べたかったのでもなく、**その要望が受け入れられてコミュニケーションが生まれることを望んでいたのではないでしょうか。**

初めて連れてこられた、どんな場所なのかもどんな人がいるのかもわからないお化け屋敷で、お母さんと離れて不安な一晩を過ごした、その気持ちをわかってもらえなかったF子さん。本当にごめんなさい。

次はきっと、ポン酢以外のものでもなんでも言ってみて！

事例④快と不快と洋服の関係

強度行動障害の特徴的な行動の1つに、服やハンカチなどの衣類を破いたり、糸をほどいたりする破衣《はい》行動があります。

そこらへんにある布を手あたり次第破くこともあれば、着ている服を破いてしまうこともあって、経済的なダメージもあるので対応は深刻です。

彼らが服を破くのは、なぜなのでしょうか。

実は彼らは、布を破って感覚遊びをしていることがあります。彼らは皮膚の感覚がとても敏感で、手触りや感触が心地よいと感じると、その行為をずっと繰り返したくなってしまう傾向があるようです。

布をびりびり破きながら、本人たちは楽しく幸せな時間を過ごしていて、それは心の安定にもつながっています。

とはいえ、そうとばかりも言っていられないんです。**心地よい感覚遊びとは反対に、「不快」からの回避として破っている場合も多い**からです。

感覚の異常な過敏性から、その服を着続けることができない、あるいは生理のナプキンをどうしてもつけていられない、といったように、彼ら、彼女らの体はちょっとした感触の変化で「不快」を感じます。それも、**私たちの感覚とはまったく違うレベルの過敏さで。**そのため、その不快から逃れようと服を破いてしまうんですね。

それに気づかず、こちらの一般的な認識と同様に捉えていると、彼らの行動の意味を理解することはできません。

また、気に入った服しか着ない、夏の暑い日に何枚も着こむ、服の素材にとことんこだわる、など**感覚過敏による衣類への強いこだわり**もよく見られます。

まずは彼ら、彼女らの「快・不快」がどこにあるかに目を向け、彼らが不快な思いをしたまま我慢を強いられなくて済むよう、環境を整えることが大事です。

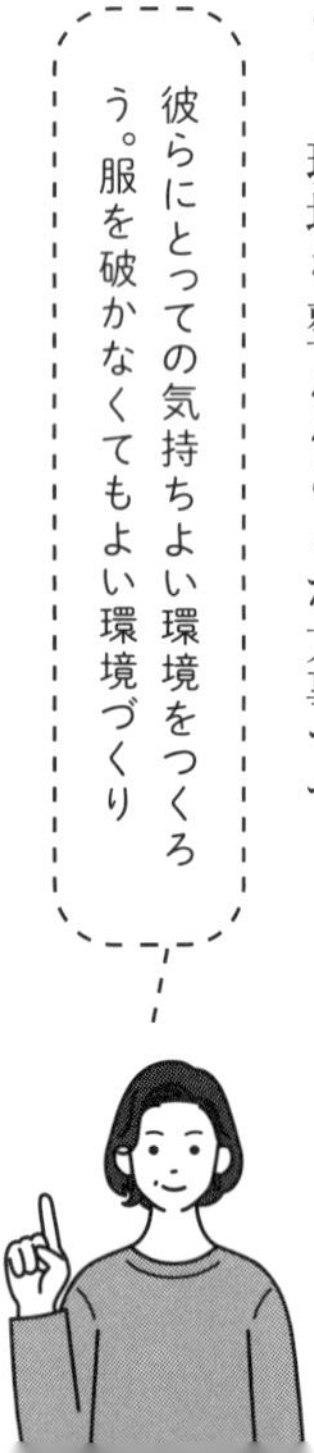
彼らにとっての気持ちよい環境をつくろう。服を破かなくてもよい環境づくり

事例⑤スケジュール把握は視覚で

Gさんはリモコンが大好きです。部屋にいる間、よくテレビのリモコンでチャンネルを変えて遊んでいます。画面が変わるのを見るのが楽しいというより、リモコン自体の感触が好きなようです。

しかしながら、リモコンに熱中して行動を切り替えることができず（いわゆる「こだわり行動」と呼ばれる行動障害の1つ）、ごはんの時間になって声をかけてもなかなか応じてくれません。

でも、生活にはごはんを食べる、準備をする、作業所に出かけるといったリズムが

絵カードのタイムスケジュール

あるので、1日中リモコンで遊んでいるわけにはいきません。

それをどうやって本人に納得してもらい、次の動作を促すか。

自閉症の支援のツールとして、**「視覚的構造化」**は昔からよく使われています。声をかけて食事を促すのではなく、視覚から本人に認識してもらう、というものです。

そこで**絵カードを用いたスケジュールボードを作成してみました。**

すると、声かけには応じなくても、「ごはん」「6時」と絵カードで示してあるのを見て、次の行動に切り替えられるようになりました。

彼らは、たとえ短い言葉であっても、耳で聴くよりは視覚のほうがずっと認識しやすいのです。

歯を磨くという一連の動作も、毎回絵カードを1枚1枚めくりながらやっていきます。私たちは当たり前の動作として無意識に歯磨きをしますが、**彼らはあくまでも絵カードに忠実**なのです。

同様に、1日のスケジュールを絵カードでボードに掲示すると、彼らは自分の1日の流れを把握しやすくなり、スムーズに行動できるようになります。

「早く〜、遅れちゃうからごはん食べて」といくら大きな声で叫んだところで、彼らには届きません。彼らに届く方法を使いましょう。

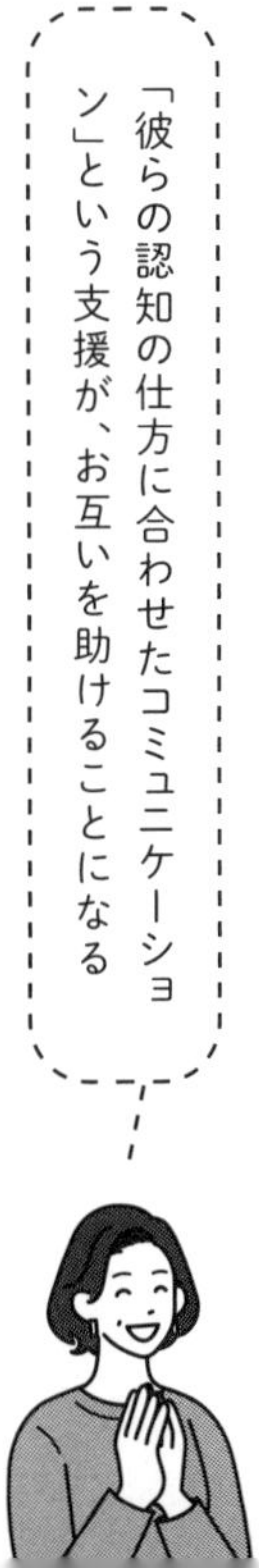
「彼らの認知の仕方に合わせたコミュニケーション」という支援が、お互いを助けることになる

問題行動って誰の問題？

ここまで、私がたいちと過ごしながら経験してきたことや、ヒロイチホームの利用者の支援を見てきた中で起こったエピソードを挙げてきました。

それらの問題のほとんどは障害特性からくるものであり、**その特性を支援者が理解していない、**あるいは、**環境が適していなかった**という事実から生じるものです。

幼少期には理解するのが難しかった、たいちのこと。

なんでいたずらをするのか、なんで危ないことをするのか、なんで脱走しちゃうのか――。でも、年月を重ねていく中で、彼には彼のロジックがあることがわかってきました。

週末親子の6年間では、一定の距離を取ってたいちを冷静に客観視することができたためか、理解はさらに進み、そして現在、グループホームで他のたくさんの強度行動障害の方と接することで、たいちへの理解もまた、より一層深まりました。

そんな中で私が思い知らされたのは、**「私たちが問題行動といっている彼らの〝普通ではない〟行動は、いったい誰にとっての問題行動なのか」**ということです。

彼らは本当に「問題行動」を起こしているのでしょうか。私たちを困らせたくて、傷つけたくて、激しい行動を繰り返すのでしょうか。

私たちが〝普通〟だと思っていることと、彼らの普通は違います。価値観も物事の認識の仕方も、まったく異なっているのです。

私たちが**こっち側（＝私たちのものさし）**の目線で見ている限り、彼らを理解することはできません。でも、ひとたび**あっち側（＝彼らの仕組み）**の目線に移ることができれば、「問題行動」に対する私たちの認識は変化します。

彼らは、言葉をしゃべりません。相手の立場に立てません。モラルがありません。自主的に学習することができません。情報の統合ができません。見通しがつけられません。客観的分析ができません。

だから、**目の前のすべてのことにその都度触れて、見て、食べて、聞いて、嗅いで、五感を駆使してそれが何であるかを認識しています。**

その中で何か楽しいことや興味を引かれることがあったら、それに向かって一直線で進みます。誰にどう見られるか、どう思われるかなんて、考えもしません。その後に何が起こるのかも、わかりません。

私たちは違います。さまざまな情報を元に推測することができるし、過去の経験と照らし合わせて物事を認識することもできます。他人からの印象もある程度は気にしますし、できるだけ周りに合わせた行動をすることができます。

彼らにはそれがないということです。ない世界で生きているのです。

彼らの生活を支えるためには、少しでも彼らのものさしをわかろうとする、近づくことが重要です。

彼らの位置に立ってみたら、それは実は「なるほど」かもしれないのです。

暴れて物を投げたE子さんは、その前に大事なものが捨てられてしまい、気持ちが伝わらず悲しい思いをしました。

夜中に暴れたF子さんは、望んだコミュニケーションを受け入れてもらえなくて、初めて来たお化け屋敷で安心することができませんでした。

服を破ってしまうのは、感覚過敏による不快から逃れるためかもしれない。

Gさんがリモコンに夢中でごはんを食べなかったのは、行動の切り替え方を知らなかったから。

たいちがなんでもかんでも口に入れてしまうのも、そのことで物を認識したり、感触を楽しんだりと、やはり理由があって行動しています。

それなら、E子さんが**悲しい思いをしなくて済むように気を配ることができたら？**

F子さんが安心できるように、**先入観を持たずに丁寧なコミュニケーションを心がけることができたら？**

破衣行動をしなくて済むよう、**彼らが心地よいと感じられる素材の衣服を用意してあげることができたら？**

リモコンの例のように、**彼らが認識できるかたちで、こだわり行動を終わらせるタイミングを教えることができたら？**

問題行動は、完全になくすことこそ難しいとしても、かなり減らすことができます。**見通しがついて、信頼関係があり、不安や不満の少ない暮らしを実現してあげられれば、彼らは生きやすくなって、問題行動は起こりにくくなっていきます。**

こっち側の目線でつくっている「問題行動履歴」――彼らの苦しみの表出を「問題」と断定した記録を、つくらずに済むようにしてあげられるのです。

私たちがすべきことはそのための支援。**決して、指示により彼らをコントロールす**

ることではないのです。

彼らを認め、尊重し、その上で隣に立って手を引く。

彼らが不安にならないように環境を整えることが大切です。

話せないのではなく、話さない

自閉症の彼らと長く過ごしていると、言葉を話さないからといってコミュニケーションが取れないわけではないことに気づかされます。

ひょっとすると彼らは、**話せないのではなく、言葉でのコミュニケーションを選択していない**のではないでしょうか？

たいちが小さいときは、言葉を話してくれたらどんなにいいかと思っていました。

もし1つだけ願いが叶うなら、たいちの気持ちを言葉で聞きたい。字を書いたり、絵を描いたりなんてできなくていいから、何を考えているか教えてほしい！　それさえできればこの子もどんなに楽になるだろう。そう思っていました。

でもいつからかそういう気持ちはなくなりました。

言葉を話せたところで、それが必ずしも彼の本心だとは限りません。天邪鬼のように気持ちと正反対のことを言うかもしれないし、**手段としての「言葉」を得たところで、本人の心がすっかりわかるわけではない**じゃないですか。

私たちの大多数は、コミュニケーションの手段に「言葉」を採用しています。それが常識だという前提でいますから、自閉症の方を見ると「話せない＝コミュニケーション障害」ということになります。

でも、コミュニケーションの手段って、言葉だけなんでしょうか？

彼らは他の手段を使っていて、あえて「言葉」を選択していないのだとしたら？

「言葉を話せない」のではなく、「話さない」。「言葉以外の手段を選択している」。

たとえば目の表情だったり、声色だったり、ジェスチャーだったり。機嫌が良いときも悪いときも、うれしいときも悲しいときも、彼らはサインを発しています。

それなのに、**言葉に囚われている私たちが、その彼らの大事なサインを見逃している**ということは、残念なことによくあるんです。

先ほどの例のリモコンのGさんが、あるとき自分のスケジュールが書かれたカレンダーをじっと見つめて、お家に外泊するマークを指さして確認していました。するとその直後、お家を指していた指を目元に持っていって、**涙がぽろぽろ流れるジェスチャーをしたんです！**

「早くお家に帰りたいよ、この日外泊だよ」っていう気持ちをそんなふうに伝えてくれて、言葉は一言もしゃべらないけど、私には彼の気持ちが十分に伝わりました。

「言葉で表現できない」は、決して「意思表示がない」わけではありません。

じっとしている子も、たぶんどこかで意思表示をしているはず。自分が心地よく過ごすためのすべを持っているはずです。

理解は一日にしてならず

これまで述べてきたような、「あっち側」に立って彼らを理解し支援する方法は、**最初から答えがわかっているわけではありません。**さまざまな特性を持つ多くの強度行動障害の方と、長い年月を共にして、その中で試行錯誤して検証を繰り返して、ようやく「こういうことなんだ」とわかってきます。

しかも、決して**グループホーム内で判明したことだけですべてが解決するわけではない**のです。

自閉症の方の多くが、昼間は作業所に通っています。つまり、彼らがグループホームに来る前に、長年彼らを客観的に見つめてきたベテランの職員たちがいるというこ

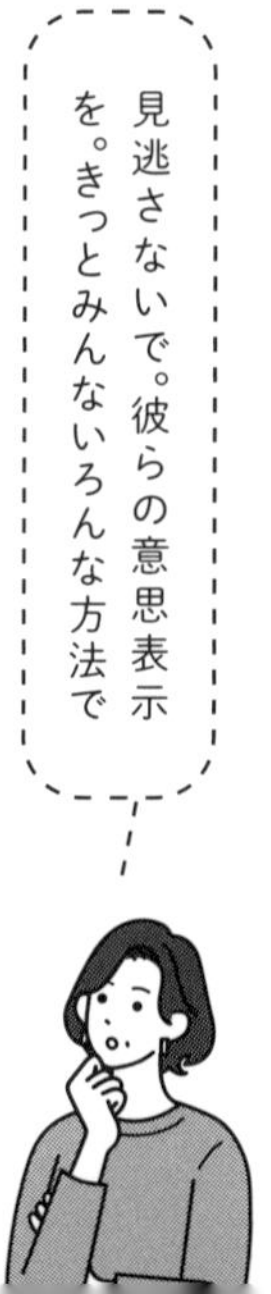
見逃さないで。彼らの意思表示
を。きっとみんないろんな方法で

とです。

私たちが悩んだときは、作業所に相談すると、「その子はこういうときに機嫌を損ねる傾向があるよ」なんていう情報を教えてくれます。するとそれがヒントになって、早く解決にたどり着けるのです。

また、長年一緒に暮らしてきた親御さんからの情報も重要です。彼らについて誰よりもわかっているのは、やはりお母さんお父さんです。

家庭内では解決に至っていないことでも、傾向が掴めることで、私たちの知見と照らし合わせて解決策を考えていくことができます。

時間をかけてお互いを知り、信頼関係を深めていくことができれば、利用者の心も穏やかになり、問題が起こりにくくなっていきます。

彼らと長く関わってきたご家族、他事業所の職員、その他多くの人が協力し合って1人を支える。これが福祉であると思っています。

スタッフに楽しく働いてもらうために

こうして日々強度行動障害の方を支援しているのは、グループホームで働いているスタッフたちです。近年どの業界も人手不足。中でも介護福祉分野の人材不足は、ひときわ深刻な社会問題でもあります。

労働集約型で、支援するスタッフがいてこその職場なので、資源はスタッフがすべてといっても過言ではないと思います。

事業としての目的は、障害者である利用者さんたちへのより良い支援の提供ではありますが、**彼らを支援してくれるスタッフにも、より良い職場環境を提供することが私の大事な役割の１つです。**

障害者支援の仕事を、辞めずに続けてもらえる理由は何でしょうか。

給料がいいから？　待遇がいいから？　上司がいいから？　教育が行き届いてるから？　――もちろんそれらもあるでしょうが、私はこう感じています。

1つには、支援を必要としている利用者があまりに透き通っている人たちだから、つい一生懸命支援をしたくなるのです。つまり、**実は彼らがスタッフのモチベーションを引き上げているのです。**

そしてもう1つ、仕事を続けていくために必要なのは、自分の役割分担が明確であること。**自分が何に役立っているかが明確で、それが自分の力量に合っている。**そういうことなのではないでしょうか。

それをマネジメント側として見極めるには、やはり**スタッフに対しても「あっち側」に寄り添うこと。**一人ひとりが違う能力と個性を持っていることを、どれだけ理解しようとするか。これに尽きるのではないかと思います。

障害のある方に向き合うときも、そうでない方に向き合うときも、どちらも人対人という点では変わりなく、自分以外の他者に対して、相手のものさしを考慮しながら向き合うという意味では、根本は同じであると感じます。

ヒロイチホームでは、スタッフに自分の役割を実感してもらうために、それぞれの得意分野で班をつくって任せることにしています。

たとえば料理が得意な人、衣類の整理が得意な人、ガーデニングが得意な人、備品の管理が得意な人と、いろんな方がいるので、**なんでもいいから得意なことを班として割り振る**のです。

すると、「ちょっと早く行って草むしりしようかしら」「そろそろ衣替えの季節だな」という感じで、率先して班の仕事をしてくれるようになります。その仕事に対して、**「これは私の担当だから」という責任感が生まれる**のですね。

もちろん基本的には全員ができるように取り組んでいかないといけないのですが、平準化を重視して「みんなでやりましょう」としてしまうと、なんとなく責任が分散してしまって、やる人とやらない人が出てきてしまいます。

仕事って難しくて、役割があっても力量を超えていると苦痛だし、あまりにも何をやればいいのかわからないとか、やってる意味がわからないとか、やってもリアクションをもらえないとか、そういったこともストレスになります。

だから、**能力に見合った適切な仕事量があって、自分がいかに役立っているかがわかり、認めてもらえる。**「頑張ってるね」じゃなくて「あなたがこれをやってくれるから助かる」と言ってもらえることが、大事なんじゃないかと思います。

また、利用者についても個別担当を割り振っています。

そうすると、担当した利用者のことをよく見てくれたり、部屋のこととか細かいことも気づいてくれたりして、他のスタッフも何か困ったときに相談できるようになるので、全体がスムーズに回るようになります。

利用者側も、意思疎通が容易なスタッフが1人いれば安心して生活することができますから、スタッフに対して役割を明確にすることは、とてもメリットが大きいのです。

終章

この笑顔が
この先も
ずっと続きますように

すべてはベストな選択だった

パパと私は自閉症の息子を抱えながらも共働きだったし、それぞれの自由な時間も大切にしたい人たちでした。

日々たいちと向き合うのに一生懸命だった一方で、平日の昼間は保育園にお任せ、おじいちゃんおばあちゃんの手も借りて、小学生になると学校の後は放課後クラブに預けたり、ヘルパーさんにも来てもらったりと、たいちが小さい頃から、手を放す時間がたくさんありました（もちろん、仕事が終わったら一目散にたいちを迎えに行っていましたが！）。

その間、たいち自身はよくわからないままいろんな人に面倒を見てもらっていたと思いますが、**ありがたいことに周りの方にかわいがっていただいて、のびのびと育っていきました。**

パパが亡くなってからは、不二学園という障害者の施設に入り、そのときは不安も感じていたと思いますが、徐々に新しい暮らしに慣れて、特別支援学校を含めて多くの方に世話をしていただきました。

そして今は、ヒロイチホームでスタッフたちに世話をしてもらいながら、楽しそうに暮らしています。

本当はずっと、なんで幼少期のたいちをほっぽって仕事や勉強に打ち込んでいたんだろうとか、なんでパパが亡くなってからたいちを施設に入れてしまったんだろうとか、自分のしてきたことに後ろめたさを感じていました。

週末親子なんて楽しそうに話しているけど、**どうして6年間も離れて暮らしてしまったんだろう、自分のしたことはとても罪深いことだったんじゃないか。**――その思いはいつも私の心に重くのしかかっていました。

でも、たいちはそんな私に応えてくれました。

グループホームで自分らしく楽しそうにしている、笑顔で日々を過ごしている今のたいちを見ていると、何も間違いではなかったんだと思えるのです。

たいちは、たくさんの人に見守られ愛されながら、家庭内だけでは得られなかった経験をたくさん積んで、社交的で物おじしない子になりました。

週末親子生活の6年間で、親元を離れて、自分自身で自分を守り、自分の味方になってくれるスタッフを頼り、自分の空間を自分で確保する――生きやすい環境を自分で選ぶことのできる「生きる力」を身につけてきました。

そして今、新しく入ってくるスタッフや利用者たちと生活していく中で、自分にとってこの人はどうなのか、困ったときに助けてくれるか、自分を守ってくれるか、かわいがってくれるか、それを見極めながら行動しているように感じます。

他人との共同生活ですから、楽しくないときや嫌なときもたくさんあるでしょう。それでもたいちは、自分の時間、空間を確保して楽しそうにしています。

これぞ生命力!!

障害のない私たちでも、このようなことが簡単にできるでしょうか?

まさに「たいち力」! この子に生きる力あり! 本当に尊敬しています。

身の回りのことを自分でできるかどうかとか、読み書きができるかどうかよりも、一番たいちに身につけてほしかったものかもしれません。

そして何より、**私たちの関係性は、週末親子の6年を経てとても良いものになりました。**たいちと離れて暮らし、週末だけしか2人の時間を過ごせなくなったことで、たいちの見え方が変わって、理解が深まって、前よりもっとたいちが愛しくてしょうがなくなりました。

これまでの28年間、私たちの暮らしは目まぐるしく変化していったけど、今のたいちが楽しそうに笑っている。**その笑顔があるのは、過去という土台があるからです。**だからきっと、すべては選ぶべくして選んだ、最善の選択だったのでしょう。

多くの人に支えられてこその今

そんな今があるのは、たいちを支えてくれた、守ってくれた、多くの皆さんのおかげです。

私1人ではとてもこうはできませんでした。

保育園の先生、特別支援学校の先生、放課後クラブのスタッフさん、ヘルパーさん。おじいちゃん、おばあちゃん、そしてパパ。

不二学園の職員さんたち、グループホームのスタッフたち。そして情報交換をしてくれた、障害をもつ子どものお母さんたち。

こんなにたくさんの方に、たいちと私を支えてもらってきたからこそ、**私にできることは何だろう、恩返しできることはあるだろうか、**そういう気持ちが芽生えて今につながっています。

たいちをグループホームに迎えたときは、強度行動障害の方を初めて見るスタッフたちは本当にびっくりしたと思います。

ですが、みんなが少しずつ経験を重ねて、考えて、進んでいってくれました。おかげで、いつでもどこでもマイペースなたいちも、ゆっくりといろんなことができるようになっていきました。

今のヒロイチホームには、たいちよりももっと大変な人たちもいます。それでもしっかり対応できるくらい、**スタッフそれぞれが成長し、変化し、一生懸命に支えてくれています。**

また、グループホームを運営する上でも多くの方にお世話になってきました。

もともと看護師、看護教員、そして母親でしかなかった私。そんな私が、こうして自分が思い描くグループホームを実現できているのには、ちょっとしたポイントが2つありました。

まず1つめ。**「ニーズに応える！」**。

ずっと描いていた夢に向かって努力し、成功している方はたくさんいらっしゃいます。志を持つことはとても素敵なこと！　でも、それを実現するのはなかなか容易なことではありません。

一方で、必要とされていること、ニーズがあることをやっていけば、成功する可能性はぐんと上がります。

世の中に必要とされていることには、必ず周りが力を貸してくれるからです。

ヒロイチホームは、社会的ニーズがあって、必要とされて棟が増えていきました。入りたい人がいるからつくる。必要になった新たな支援にも対応していく。そうしているうちに、自然に広がっていったのです。

もし、「こうやったほうが儲かる」という考えでやってきたなら、きっとどこかでうまくいかなくなっていたでしょう。グループホームが増え、競争になっていくほど、ニーズにマッチしているということが強みになってくるのです。

グループホームに入りたい強度行動障害の方はたくさんいる。でも、入れるグループホームがない。そんなニーズを満たせるからこそ、実現に向けてみんなが協力してくれて、少しずつ大きくなることができたのでしょう。

2つめ。**「相談して助けてもらう！」**。

いくら私が「こういうものが必要だからつくろう」と思っていても、1人では実現できません。自分だけではできないこと、わからないことのほうが多いからです。

だから何かわからないことがあったら、周りの人に相談します。

「ちょっとこれ教えてくれない？」「これお願いできる？」そうやって人を頼るほど、周りは助けてくれます。

逆に、こちらが何も言わないと、誰も何もしてくれません。

自分だけでどうにかしようとしている限り、人の助けは得られないのです。

私はグループホームの立ち上げに際しても、運営をしていく上でも、わからないことだらけでしたから、とにかく周りの人を頼りました。

会社の立ち上げを手伝ってくれた社会労務士の友人にはじまり、同業者である近隣のグループホームの方々、作業所の職員さんたち、ケアマネジャーさん、古くからの友人、そしてスタッフたち。いろんな方が協力してくださいました。

本当に皆さんのおかげで、今の私たちがあります。心から感謝しています。不思議なことに、周囲に感謝する人が増えるほど、自分にも自信がついていくんですよね。

だから**なんでも1人で抱え込まず、自分だけで解決しようとせず、助けを求めて世界を広げていく**って、とっても大事です！

私たちの日々は続く

私は今、たいちとは別の空間、でもすぐ目の届く場所に暮らしながら、ホームの仕事をしています。

たいちのそばで生活できるようになってから、ますます毎日が楽しくなりました。

自分のことも大好きです。

そして私たちは今も、相変わらず週末親子の時間を楽しんでいます。どんなにホームが忙しくても、週末の時間だけは最優先で確保して、たいちとの時間を過ごしています。

それはたいちのため？

もしかしたら、私のためなのかもしれません。

たいちは私にとって、圧倒的な存在です。**一番のプライオリティはたいち。**

私自身は昔と変わらず、やっぱり自分の時間が大切な人。自分だけの聖域がないとダメなタイプです。

でも、**それがあるからこそ、「一番はたいち！」と言えるのだと思います。**

とはいえ、こんなに恵まれた環境にあってさえ、不安がないわけではありません。

たいちは、今はホームでの生活に慣れて、スタッフさんとの信頼関係も育ち、落ち着いた状態で暮らしているけれど、それがこの先もずっと続くとは限りません。

障害は、「必ず良くなっていく一方」ということはなく、行動の種類が変わっていくなどの変化が出ることもあります。**何かのきっかけで症状が悪化する可能性は、ゼロではないのです。**

それに、今は信頼できるスタッフたちがいて、昼間は作業所でお世話になって、週末は私がいて、という見通しのつく慣れた生活を送っているけれど、これもまた生涯にわたって保証された環境ではありません。それでも彼は、一生誰かに世話をしてもらわないと生きていくことができないのです。

そういう漠然とした不安は、考え始めるとキリがありません。

かといって、それじゃ考えるのや〜めた！　と言えるほど、簡単に拭い去れることではないのも、事実です。

だからこそ、今を精いっぱい積み重ねていくしかない。

私たちはまだ途中で、「息子のためのグループホームをつくってうまくいきました」という完結した話ではなくて、まだこの先も現在進行形で続いていく。

子どもの頃からそうしてきたように、２人で手をつないで、１歩１歩進んでいく、その道の途中にいるのです。

だから、この先も今のまま、できるだけ下降することなく、できれば少しずつでも良くしていけるように――。

毎年息子の誕生日は、私にとって感謝の日。

1年に1回必ず、今お世話になっているスタッフたちに、改めて「皆さんのおかげでここまでくることができました」という感謝の意を伝えています。

その最後に、私は必ず言っているのです。

「この笑顔が、この先もずっと続きますように」――って。

よく「ヒロイチさんの今後の展望は？」「目標は？」と聞かれるのですが、何か事業を広げていくことよりも、今のまま、目の前のたいちの笑顔が、ずっと続くこと。

私が望んでいるのは、きっとそれだけなのでしょう。

明るくいきましょう！

「強度行動障害の方の支援で、通常の支援との違いやポイントはありますか？」と聞かれることがよくあります。

私は、「血液型がA型の人とO型の人への支援の違いは？」と聞かれているのと変わりないことだと思っています。もっとわかりやすく言うと、「山田さんと鈴木さんの支援の違いは？」ということです。

障害は個人の特性で一人ひとり違うものなので、それぞれに合った支援をするだけ。軽い障害の方も、重い障害の方も。ただそれだけのことなのです。

強度行動障害というと、物を殴るとか、他害するとか、悪いイメージが先行しがちです。ですが、ここまで読んでいただいたなら、きっとわかってもらえていると思います。**強度行動障害は、人間が誰しも持っている「不安」と「不快」の表出でしかない**ということを。

だから、**彼らが生きやすいように、その不安と不快を取り除いて、快適な環境をつくっていきましょう。**

彼らを変えようとするのではなく、ありのままでいられるよう、生きたいように生きられるよう、環境を整えて前向きにサポートしていきましょう。

ご家庭で強度行動障害のお子さんを1人で見ていて、疲弊してしまっているとしたら、ぜひ周りを頼ってほしいです。

たとえばお子さんをグループホームに入居させるという選択は、お母さん、ご家族の不安を解消する一助になるかもしれません。

子どもを手放すと思うと最初は心配でしょうし、かわいそうにも思ってしまうかもしれません。ですが、お子さんはどんなに障害が重くても、自分自身で生きる力を必ず持っています。「ここが自分の家で、守ってくれる人がいる」とわかるようになります。

母とて自分でできることは限られています。

だから多くの人に頼って助けられましょう。そして自分自身の人生を大事にしましょう。それであなたが幸せになれば、お子さんも幸せになります。

お母さんが明るく楽しく生きていれば、子どもは安心することができるのです。

どうかどうか、何より自分をかわいがってください。自分に鞭を打つのをやめて、大事に丁寧に取り扱ってください。

そうすることで、きっとすべてがうまく回っていくと信じています。

おわりに

この本を書き始めてから、改めてたいちやヒロイチホームの利用者さんたちとの出来事を振り返っていたためか、実際に現場で支援をする中でも、気づきを得ることが多くなりました。

「これはどうしたらいいいんだろう?」と思ったときに、「これはこういう理由なんだよね」ということが、よりわかるようになったというか……。支援について改めて深く考える機会になり、以前よりさらに親身に向き合えるようになったのでしょうか。

ヒロイチホームでたいちと同じような障害をもつ方々と接していると、「たいちってこうだったのか!」という新たな発見が次々と出てきます。**20年近く育ててきても気づいていなかったことが、実はたくさんあったんですね。**

それはたいちの母親でいるだけでは得ることができなかった、ヒロイチホームの多くの利用者さんが私に教えてくれた、新たなたいち。

そして逆に、「○○さんのあの行動はどうしよう!」という日々の支援における悩みの解決法は、「そうだ！　たいちのときはさぁ、よく……」と今度はたいち先生が教えてくれます。たいちといる中でたくさん頭を悩ませてきたからこそ、照らし合わせて理解できていることがたくさんあるのです。

1棟目2棟目の頃より、今。ヒロイチホームを10年やってきて、この2～3年で支援について新たに知れたこと、わかるようになったことはとても多いです。

一人ひとりの利用者さんみんなが、気づきを与えてくれるのです。

この先も、もっとこの子のいろんなことがわかるのかな？　と、楽しみにしている自分がいます。

たいちが40歳になって初めて気づくことが出てきたら――。それまで気づかずにいた自分を悔やむのではなく、**「新しい一面を知れてラッキー！　うれしい！」**って受け止めようと思います。だって、もし今日初めて知った、気づいたことがあったなら、昨日とは違う自分になれるから。逆に今日気づかなかったら、明日も今日と同じ自分のままだから。

今回の本では、たいちの幼少期から28歳になった現在まで、そして母としての私から経営者としての私まで、私たちの長い人生を1冊にまとめることができ、満足感・充実感でいっぱいです。

これまでを振り返るほどに、私たちに関わってくれたたくさんの方への感謝の念が尽きません。皆さんに支えていただきながら、またここから始まる日々を、明るく、楽しく、進んでいきたいと思います。

先日、たいちを連れて隣町で開催されたハワイアンフェスティバルに行きました。目的はフラダンスショーではなく、たくさん並んでいるであろう出店で焼きそばとか買って外で食べるっていう、絶対たいちが好きなやつ！　のため。

しかし、予想外のことが起こりました！　まず、たいちが目の前にあるイベント会場から逃げるようにして、まったく足を踏み入れないんです！

「え～どうして？　梅まつりのときはいつも、おでんとかすごく喜んでいるのに？」

でも、私に残念な気持ちはなく、「どうにかしてイベント会場に入ろう」ともまったく考えませんでした。たいちが動くほうにくっついていくだけ。

しばらくしてなんとかイベント会場のほうに入っていくと、いくつものテントの中には、華やかな衣装できれいに着飾った人がたくさん。その空間を縫うようにして歩き、奥にあった緑の茂った公園にたどりつきました。そばでお祭りをやっている最中ですから、そこにはもちろん人なんかいません。なんだか南国のようなエキゾチックな木が並ぶ向こうには、きれいな海が見えました。

たいちはそこに座り込んで、草を触り始めました。その顔は、とても幸せそう。

子どもの頃、運動会の雰囲気になじめず戸惑っていた、たいち。みんなが見ている紙芝居に目もくれず走り回っていたたいちが、大きくなった今も、そのままここにいました。でもそんな彼を見た私の気持ちは違いました。「よーいドン！」で走れなかったたいちをもどかしく感じていた、あの頃の私とは。

みんなと同じ空間にいられなくても、**自分自身で居場所を見つけて楽しんでいる。**

そんなたいちを見られてうれしい！　愛おしい！

強度行動障害の家族と生きることは、明るく前向きなことばかり言っていられるほど易しいことではありません。今まさに苦しんでいる方もたくさんいらっしゃることでしょう。

でも、横にも縦にも、多くの人とつながり合っていれば、必ず周囲の方が助けになってくれます。福祉というのはそういうものです。**1人の人が生きやすくなるために、多くの人が関わって環境を整える**ことが福祉の考え方だと思っています。

だから、多くの人を巻き込んでいきましょう。

あなたとあなたの大切な人が、もっと幸せに生きていくために、どうか頼ることを恐れないでください。

一緒により良い未来に向かって進んでいきましょう！

私はたいちも、周りにいてくれる人たちも大好きだけど、——やっぱり自分が一番好きかもしれない。

さとうひろえ

2024年11月29日に
一般社団法人日本文化振興会より「社会文化功労賞」を
受賞しました。

受章の様子

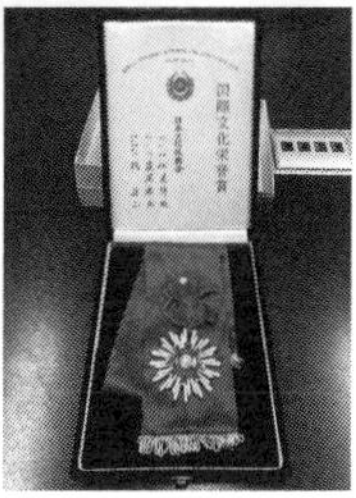

賞状（上）
勲章（下）

このような歴史ある賞をいただけたのも、ひとえに10年間、
スタッフが日々困難に立ち向かってくださった結果です！

さとうひろえ

株式会社ヒロイチ・カンパニー 代表取締役
神奈川県横浜市生まれ。東京女子医科大学看護短期大学を卒業後、看護師、訪問看護師、看護教員を経て、2014年3月、障害者グループホーム「ヒロイチホーム」を千葉県鎌ケ谷市にオープン。重度知的障害の自閉症を持つ息子の母親であると同時に、障害者、障害児の支援に携わっている。2024年には一般社団法人日本文化振興会「社会文化功労賞」を受賞。

きっとすべてがベスト
強度行動障害《きょうどこうどうしょうがい》をもっと理解《りかい》するための本《ほん》

2025年1月24日　第1刷発行

著者　さとうひろえ

発行者　寺田俊治

発行所　株式会社 日刊現代
東京都中央区新川1-3-17　新川三幸ビル
郵便番号　104-8007
電話　03-5244-9620

発売所　株式会社 講談社
東京都文京区音羽2-12-21
郵便番号　112-8001
電話　03-5395-5817

印刷所／製本所　中央精版印刷株式会社

表紙・本文デザイン　松崎理（yd）
カバーイラスト　髙橋マサエ
本文イラスト　マツ
編集協力　ブランクエスト

C0036

2025. Printed in Japan
ISBN 978-4-06-538431-2